G.BÉREAUX 1988

V 2681.
1.S.C.10.

à conserver

24227

DESCRIPTION
DES ANTIQUES
DU MUSÉE ROYAL.

DESCRIPTION
HISTORIQUE ET CRITIQUE

DES

STATUES, BAS-RELIEFS, INSCRIPTIONS ET BUSTES
ANTIQUES, EN MARBRE ET EN BRONZE;

DES PEINTURES ET SCULPTURES MODERNES

DU MUSÉE ROYAL,

D'APRÈS LES DISPOSITIONS COMMENCÉES EN 1817 PAR M. VISCONTI
ANTIQUAIRE, ET CONTINUÉES PAR M. LE COMTE DE CLARAC;

ORNÉE DE 950 GRAVURES;

AVEC DES DISSERTATIONS SUR LES ARTS ET LES ANTIQUITÉS

PAR M. LE CHEVALIER ALEXANDRE LENOIR,
Créateur de l'ancien Musée des Monumens français, aujourd'hui administrateur des
Monumens de l'église royale de Saint-Denis;

SUIVIE DE L'HISTOIRE DES PERSONNAGES DE L'ANTIQUITÉ.

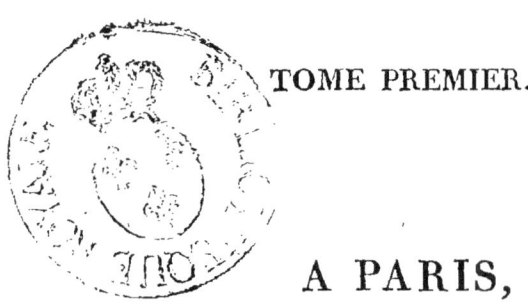

TOME PREMIER.

A PARIS,

CHEZ LES ÉDITEURS, RUE DES MARAIS, FAUB. S.-GERM., N. 17.
1820.

AVIS

DES ÉDITEURS.

Les victoires des Français en Italie depuis 1795 avaient procuré un nombre considérable de statues, bustes, etc., qui avaient enrichi la Galerie des Antiques au Louvre. La malheureuse invasion des puissances alliées en France, en 1814, nous a privés d'une partie de ces monumens; et malgré cette privation, les Français ont toujours l'une des plus riches et des plus nombreuses collections d'antiquités qui soient en Europe.

Les étrangers ne cessent d'admirer le

Musée du Roi, où sont réunis les monumens les plus précieux de l'antiquité et des temps modernes.

En 1814, le Musée n'étoit composé que de quatorze salles contenant deux cent cinquante-trois monumens; aujourd'hui neuf cent cinquante statues, bustes, bas-reliefs et sarcophages, décorent vingt-deux salles de ce musée.

Cette grande augmentation de monumens est due à l'amour de S. M. Louis XVIII pour les arts; il a même fait pour l'honneur national l'acquisition de beaucoup de chefs-d'œuvre, dans le nombre de ceux que vouloient enlever les puissances alliées, lors de leur séjour dans la capitale.

Le Roi a encore fait acheter moyennant une somme considérable les plus belles statues, bustes, bas-reliefs, etc., du riche cabinet de M. de Choiseul-Gouffier.

AVIS DES ÉDITEURS.

Louis XVIII n'a pas voulu que les étrangers jouissent de ces chefs-d'œuvre; il a aussi fait faire en Italie l'acquisition d'une grande quantité de statues et autres monumens.

Aucun peuple ne peut disputer aux Français la juste réputation qui leur est acquise à tant de titres dans les sciences et les arts.

Les Français des dix-huitième et dix-neuvième siècles sont dignes du règne de Louis XIV, siècle qui a vu naître les plus grands écrivains et les plus célèbres artistes dans tous les genres : le génie d'un peuple honore le souverain; les lettres et les arts ont fait la gloire de Louis XIV.

Depuis plusieurs années, des artistes justement célèbres ont gravé partiellement les principaux monumens des antiques du Musée royal. Ils en ont fait des recueils de luxe, dont le prix est au-dessus des moyens du plus grand nombre d'amateurs, et par conséquent des artistes.

L'on ne saurait trop multiplier les chefs-d'œuvre de l'antiquité pour l'utilité des dessinateurs, des peintres et des graveurs modernes.

Nous avons établi notre collection à un prix assez modéré pour mettre toutes les fortunes à même de se la procurer.

Nous avons adopté l'ordre des monumens qui ornent chaque salle, pour faciliter les amateurs qui visiteront les vingt-une salles du Musée des Antiques, de reconnaître l'exactitude de nos dessins, qui sont tous faits d'après les originaux.

Les étrangers, et les Français qui ne peuvent faire le voyage de la capitale, auront, d'après cet ordre de salles, une idée aussi grande que précieuse de la richesse du Musée royal.

Les dessins des monumens de chaque salle sont accompagnés d'un texte explicatif et critique, et d'une gravure représentant la coupe de la salle et les belles peintures ou bas-reliefs des plafonds.

La rédaction pour tout ce qui concerne la partie des arts et de l'antiquité ne pouvait être mieux confiée qu'à M. le chevalier *Alexandre Lenoir*, à qui l'on doit l'établissement précieux du Musée des monumens français, par ordre de siècles, ce qui présentoit une histoire complète des progrès de la peinture, de la sculpture et de l'architecture en France, depuis le douzième siècle, pour les trois arts, et depuis le règne de Clovis, pour la sculpture seulement. M. *Lenoir* a donné des preuves de son amour pour les arts, il a aussi prouvé son courage et sa constance en sauvant du vandalisme révolutionnaire tous les monumens qui pouvaient caractériser les différens siècles dont il avoit l'intention de former autant de salles particulières.

Ce Musée a fait pendant vingt-cinq années l'admiration des Français, et même des étrangers; tous les souverains qui sont venus à Paris en ont témoigné leur satisfaction à M. *Alexandre Lenoir*.

Pour ajouter à l'intérêt des gravures de cette collection, indépendamment de la description pour la partie de l'art, nous y avons joint l'histoire de chaque personnage, qui y figure soit en pied, soit en buste ou autrement.

La vue des traits d'un homme célèbre fait désirer de connaître les motifs qui lui ont valu l'honneur de la statue.

En outre c'est le meilleur moyen d'étudier le langage de la physionomie.

Les vingt-deux salles du Musée des An-

AVIS DES ÉDITEURS.

tiques qui compléteront notre collection sont ainsi nommées :

Le vestibule; — Arcade de l'entrée de la salle des empereurs; — Salle des empereurs romains; — des Saisons; — de la Paix; — des Romains; — des Centaures; — Arcade de l'entrée de la salle de Diane. — Salle de Diane; — du Candélabre du Tibre; — Arcade qui mène à la salle du héros combattant; — Salle du héros dit le Gladiateur, — Salle de Pallas; — de Melpomène; — d'Isis, ou des monumens égyptiens; — de Psyché. — Arcade qui conduit à la salle d'Haruspice; — Salle d'Haruspice; — d'Hercule et Telèphe; — de Médée; — Corridor ou salle de Pan; — des Cariatides.

Cette collection sera suivie d'un volume séparé des monumens que nous avons remis aux puissances alliées, qui conserveront toujours le souvenir du courage et de la valeur des Français.

Nous n'avons pu suivre le même ordre de numéros du catalogue du Musée publié, en 1820, par le conservateur des antiques, attendu que plusieurs sujets n'en portent point ; mais nous avons indiqué sur le texte, en chiffres romains, les mêmes numéros qui se trouvent sur chaque sujet ou Musée.

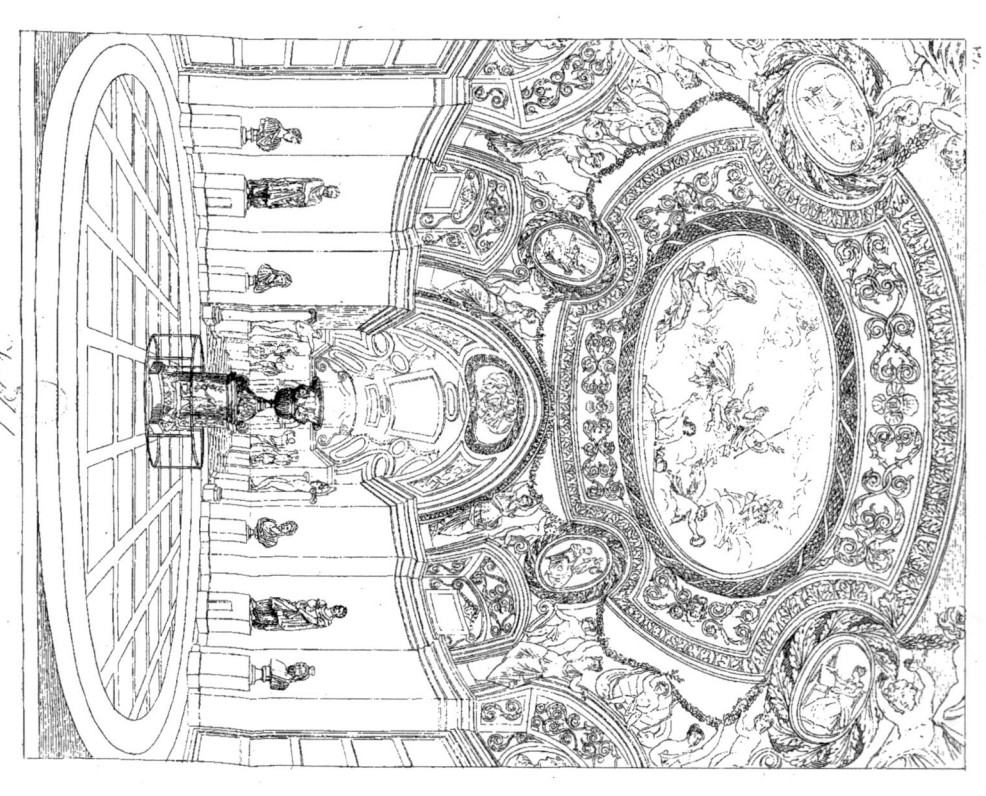

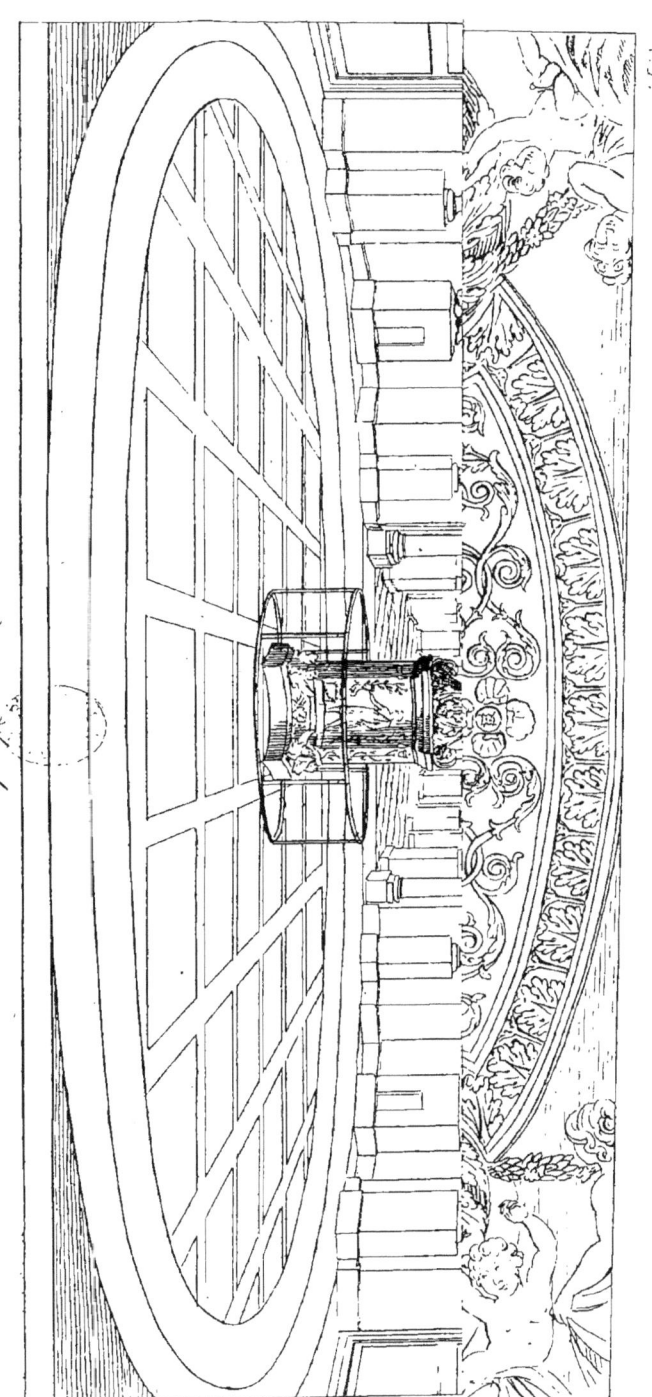

DESCRIPTION

HISTORIQUE ET CRITIQUE

DES ANTIQUES

DU MUSÉE ROYAL.

I (Musée, sans numéro).

VESTIBULE.

La première planche représente la vue de la salle d'entrée, dite le *Vestibule*. On y voit les objets tels qu'ils sont placés, ainsi que les sculptures et les peintures qui décorent le plafond de la salle.

En entrant, le premier objet qui mérite l'attention, c'est un bas-relief d'un excellent goût et d'un bon style, formant médaillon et représentant le génie des arts; il a été sculpté par Chaudet.

On remarque ensuite un grand et beau plafond peint à l'huile par Barthélemy; il est orné de sculptures arabesques et de cariatides de grandeur naturelle, qui ont été faites sous le règne de Louis XIV.

Le tableau dont il s'agit fait allusion à l'origine de la sculpture et représente l'homme formé par Prométhée et animé par Minerve. Barthélemy, mort depuis quelques années, est le seul peintre, dans les temps modernes les plus rapprochés de nous, qui a le mieux entendu la perspective des plafonds. Le coloris de son tableau est gris ; mais il est d'autant mieux adapté au local qu'il est en harmonie parfaite avec les sculptures blanches dont il est entouré.

Viennent ensuite quatre médaillons fort bien sculptés par MM. *Lorta* et *Lange*. Ces beaux bas-reliefs représentent les principales époques de l'art statuaire depuis l'origine du monde. L'art égyptien est figuré par la statue colossale de Memnon ; l'art grec, par la statue de l'Apollon du Belvédère ; l'art italien, par la belle figure de Moïse, de Michel-Ange ; et enfin l'art français, par le célèbre Milon de Puget.

2 (Musée, sans numéro).

Près de la porte d'entrée, deux colonnes de douze pieds de haut, en marbre cipollin ; ces colonnes, placées aux deux côtés de la porte, ont pour amortissement deux petites statues de Cybèle assise, dont le *tympanum* et les lions sont les attributs.

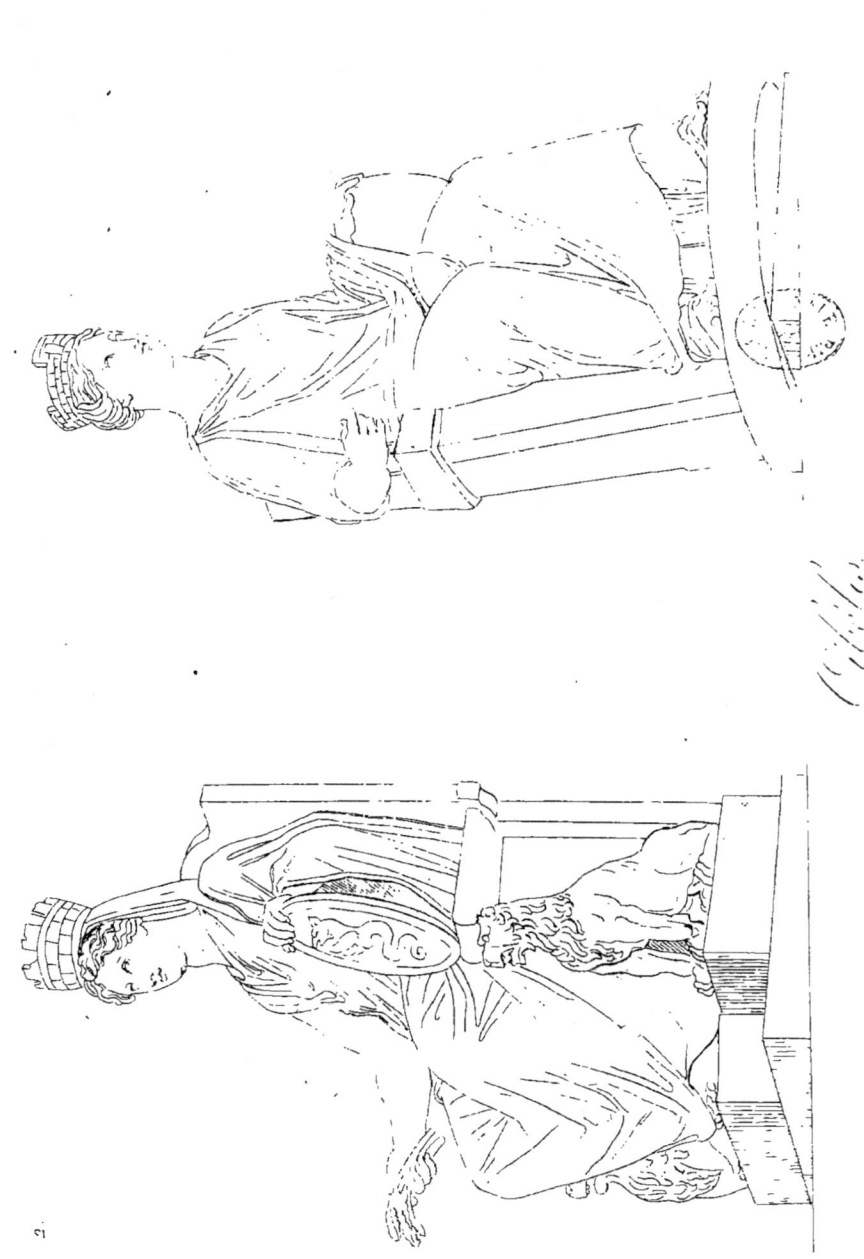

3

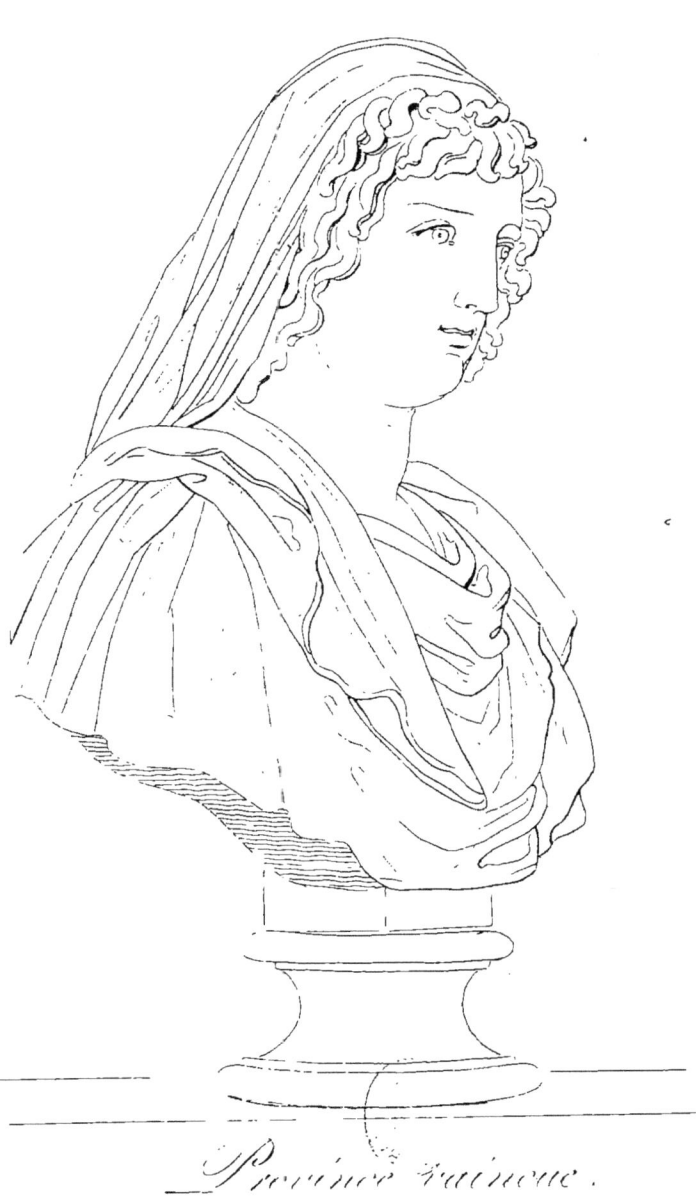

Province vaincue.

3 (Musée, n° I).

PROVINCE VAINCUE.

BUSTE COLOSSAL.

Marbre grec.

Haut. o 0,880 m. — 2 pieds 7 p. 5 lig.

Nota. La mesure des statues est prise à partir du dessus de la plinthe ; celle des bustes à partir du dessus du pied-douche.

On lit dans le livret ce qui suit : l'air triste et le désordre de la chevelure font retrouver dans le buste le caractère que les Romains donnaient aux images des provinces conquises. (1)

Il aurait mieux valu peut-être s'exprimer ainsi : *Buste inconnu ;* car dans ce buste d'un beau travail, rien ne caractérise une province et encore moins la défaite de cette province.

Les Grecs appeloient *province* quelques habitations situées dans les montagnes et dans les

---

(1) Si on consulte l'histoire de l'art, par Winckelmann, on apprendra qu'il ne faut pas confondre les ouvrages en sculpture qui se fabriquaient dans les principales villes de la Grèce, même à Rome, avec ceux que l'on faisait faire dans les autres villes et dans les colonies de l'empire romain ; *ce qui s'entend non-seulment des ouvrages en marbre et autres pierres, mais aussi des médailles.*

plaines; ils qualifiaient les unes de *rudes* et de *raboteuses*, et les autres de *creuses* ou de *plaines*.

Les Romains donnaient le nom de province aux pays qu'ils avaient conquis ou acquis; ils les faisaient gouverner par leurs magistrats et selon les lois romaines.

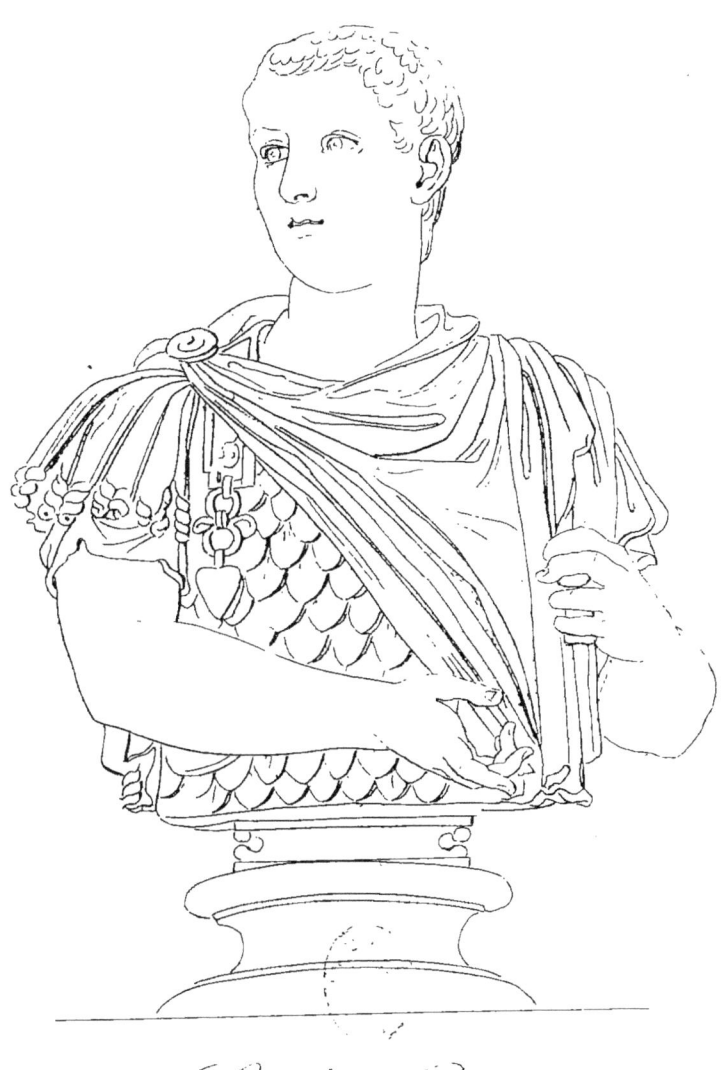

Gordien Pie.

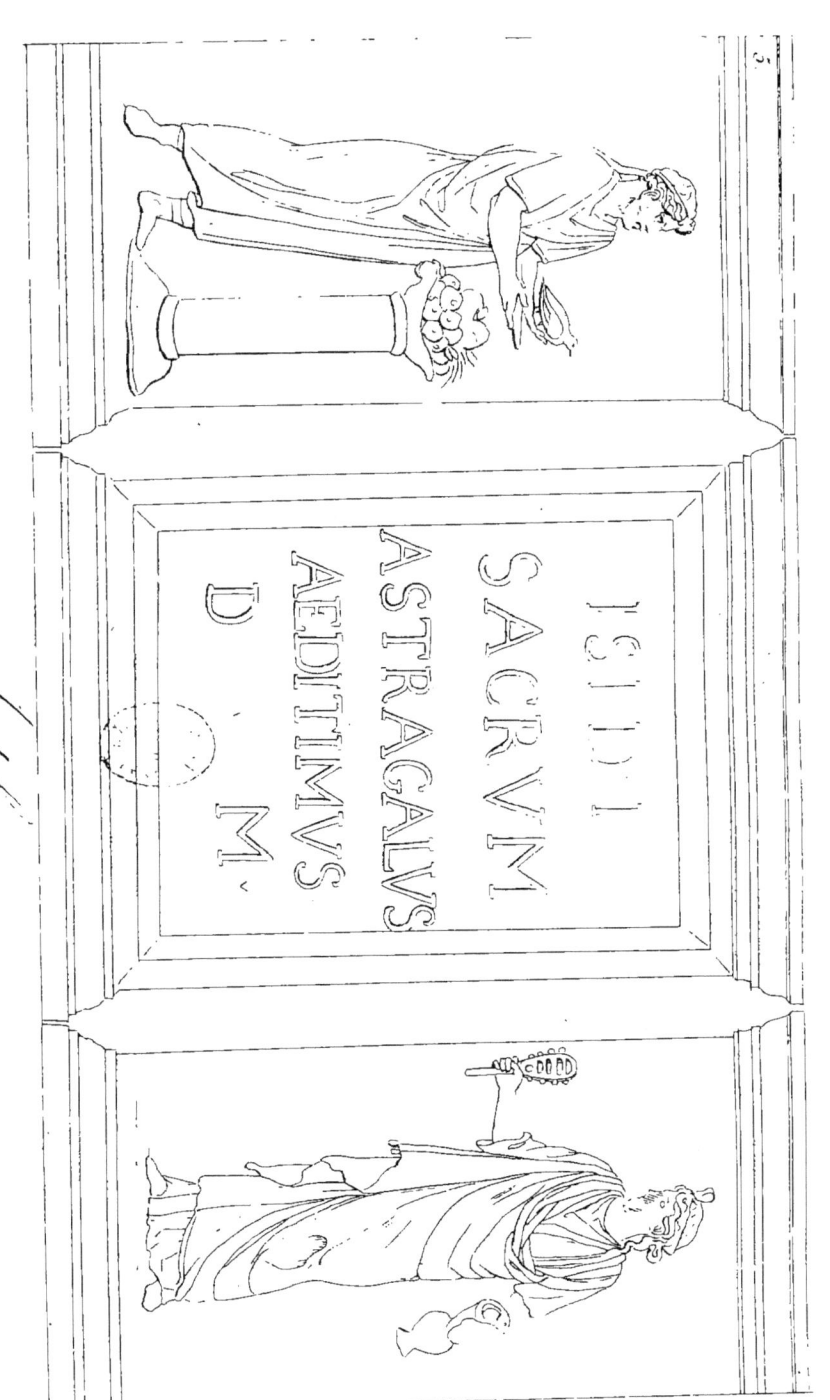

4 (Musée, n°. II).

GORDIEN-PIE,

EN HABIT DE GUERRE.

Demi-figure. Marbre de Luni.

Haut. 0,769 m. — 2 pieds 4 p. 5 lig.

Cette demi-figure n'est pas un fragment de statue comme on pourrait le supposer par le bras qu'il n'est pas d'usage de faire paraître dans les bustes. Ce monument a été trouvé dans les ruines de Gabies, ancienne ville du *Latium*. (Voyez *Monumenti Gabini*, n° 14.)

5 (Musée, n° III).

AUTEL *en marbre grec.*

Haut. 0,368 m. — 2 pieds 8 p. 1 lig. — Larg. 8,453 m. 1 pied 4 p. 9 l.

Il y a tout lieu de croire que le petit autel qui sert de piédestal au buste de Gordien, a été consacré à Isis par *Astragalus Œditimus*, ou gardien de son temple, dans un temps où son culte était toléré à Rome; par exemple sous les règnes de Domitien, de Commode et de Caracalla, qui eux-mêmes devinrent prêtres de la déesse. Cette opinion n'est pas à rejeter, puisqu'on voit sur une face de l'autel un empereur romain couronné de laurier et en habit civil, faisant un sacrifice à Isis et lui offrant une colombe; près de lui est un autel chargé de fruits, de l'autre coté on voit un prêtre vêtu à l'égyptienne tenant d'une main le cistre d'Isis et de l'autre un lotus.

GORDIEN-PIE. (*Marcus Antonius Gordianus*, surnommé *Pius* ou *le Pieux*), fils du consul Junius Balbus, et petit-fils par sa mère de Gordien le Vieux, fut honoré du titre de César à l'âge de douze ans, en 237; à seize il fut proclamé empereur, et tous les peuples de l'empire le reconnurent avec transport. Cet enfant eut toute la sagesse d'un vieillard instruit par l'expérience. Il épousa, dans sa dix-huitième année, Furia Sabina Tranquillina, fille de Mirithée, célèbre par son savoir et son éloquence, et par d'autres qualités bien plus importantes. Gordien le fit préfet du prétoire aussitôt qu'il eut épousé sa fille. Ce fut par le conseil de cet homme sage qu'il se gouverna. Les deux objets de la politique de ce dernier furent la gloire de son maître et le bonheur des peuples. Il rétablit dans les troupes la discipline, altérée par les désordres des temps précédens. Le service était lucratif chez les Romains, et plusieurs, pour en percevoir les émolumens, y demeuraient ou y entraient, soit au-delà, soit en-deçà de l'âge nécessaire pour en supporter les fatigues. Il renvoya ceux qui étaient ou trop vieux ou trop jeunes, et ne voulut point que personne fût payé par l'état, qu'il ne le servît. Il entrait dans les plus petits détails, jusqu'à examiner par lui-même les armes des soldats. Il savait se faire en même temps craindre et aimer, et le respect pour sa vertu faisait éviter plus de fautes que la crainte du châtiment. En temps de guerre rien n'égalait sa vigilance et son autorité. Dans quelque endroit qu'il campât, il avait soin que le camp fût toujours environné d'un fossé. Il faisait souvent la ronde pendant les nuits, et visitait les corps-de-garde et les sentinelles. Il avait si abondamment approvisionné toutes les villes frontières, qu'il n'y en avait aucune qui ne pût nourrir son armée pendant quinze jours, et les plus grandes le pouvaient pendant une année entière. Tel était Misithée. Avant lui, les commandemens militaires étaient donnés sur la recommandation des eunuques de la chambre : les services demeuraient sans récompense; les absolutions et les condamnations, indépendantes du mérite des causes, étaient réglées par le caprice ou par l'argent; le trésor public était pillé et réduit à rien par des fripons qui se distribuaient les rôles pour tromper l'empire, et qui chassaient ses bons serviteurs pour mettre à leur place des hommes pervers. Misithée découvrit tous ces abus à Gordien, qui ne put s'empêcher de lui dire : « Le sort d'un prince est bien à plaindre ! on lui cache la vérité; et comme il ne peut pas tout voir, il est obligé de s'en rapporter à des hommes qui sont d'intelligence pour le tromper. » Quand les désordres des règnes précédens furent réformés, il éleva plusieurs grands édifices, dont le plus magnifique fut celui du Champ-de-Mars; il contenait deux vastes galeries de mille pieds de longueur, éloignées de cinq cents pieds l'une de l'autre. Entre ces deux galeries était de chaque côté une haute palissade de lauriers et de myrtes, et au milieu une terrasse de la longueur des galeries, soutenue par plusieurs rangs de petites colonnes; au-dessus de cette même terrasse s'élevait une autre galerie de cinq cents pieds de long... Il y avait près de quatre ans que Gordien régnait paisiblement, quand Sapor, roi de Perse, ravagea les provinces de l'empire. Le jeune empereur partit bientôt après pour le combattre avec une armée nombreuse. Au lieu de s'embarquer avec ses troupes, ce qui était le plus court, il traversa exprès la Moésie, afin d'y arrêter les progrès des Goths et d'autres peuples du nord qui, semblables à un torrent, venaient d'inonder la Thrace. Il y signala son entrée par une célèbre victoire qu'il remporta sur ces barbares; et, après y avoir rétabli l'assurance et l'ordre, il continua sa route par le détroit de l'Hellespont, et ensuite par l'Asie mineure; de là il passa en Syrie, où Sapor et lui en vinrent bientôt aux mains. Gordien fut vainqueur, et reprit sur lui la ville d'Antioche; il se rendit aussi maître de Carès et de Nisible, deux places considérables dont les Perses s'étaient emparés. Le sénat lui décerna le triomphe, et donna à son beau-père le titre de tuteur de la république. Tandis qu'il illustrait le nom romain par ses exploits, Philippe, préfet du prétoire, le fit assassiner en 244. L'armée honora sa mémoire par un tombeau où elle déposa son corps, sur les confins de la Perse, avec cette inscription en langues grecque, syriaque, latine et égyptienne : « *Au divin Gordien, vainqueur des Perses, des Goths et des Sarmates, qui a mis fin aux troubles domestiques de l'empire, et subjugué les Germains.... mais non les Philippe.* » Le sénat, aussi sensible à cette perte que l'armée, fit un décret en l'honneur des Gordiens, par lequel leur postérité était exempte de tous les emplois onéreux de la république.

6 (Musée, n° IV).

BACCHUS ET ARIADNE.

SARCOPHAGE ANTIQUE.

Haut. 0,859 m. — 2 pieds 7 p. 9 lig. — Larg. 2,150 m. — 6 pieds 7 pouces 5 lignes.

Les anciens étaient dans l'usage de décorer la face principale des sarcophages de bas-reliefs et de sujets allégoriques analogues aux saisons. L'automne est celle que l'on y voit ordinairement représentée, parce qu'elle est le terme de la haute exaltation du soleil, et qu'elle fixait le renouvellement de l'année. En conséquence, on voit assez souvent, sur cette espèce de tombeau, la mort de Méléagre, l'enlèvement de Proserpine, des Bacchanales ou le triomphe de Bacchus et d'Ariadne. C'est le dernier sujet qui décore le tombeau romain dont on donne ici la gravure.

Suivant Testus Aviennus, l'année grecque commençait à la première lune que suivait le solstice d'été. D'ailleurs, selon le système mythologique des Grecs, le soleil, en passant dans les signes inférieurs, était censé mourir, pour renaître immédiatement après le solstice d'hiver, époque où il remontait dans les signes supérieurs. En effet, la

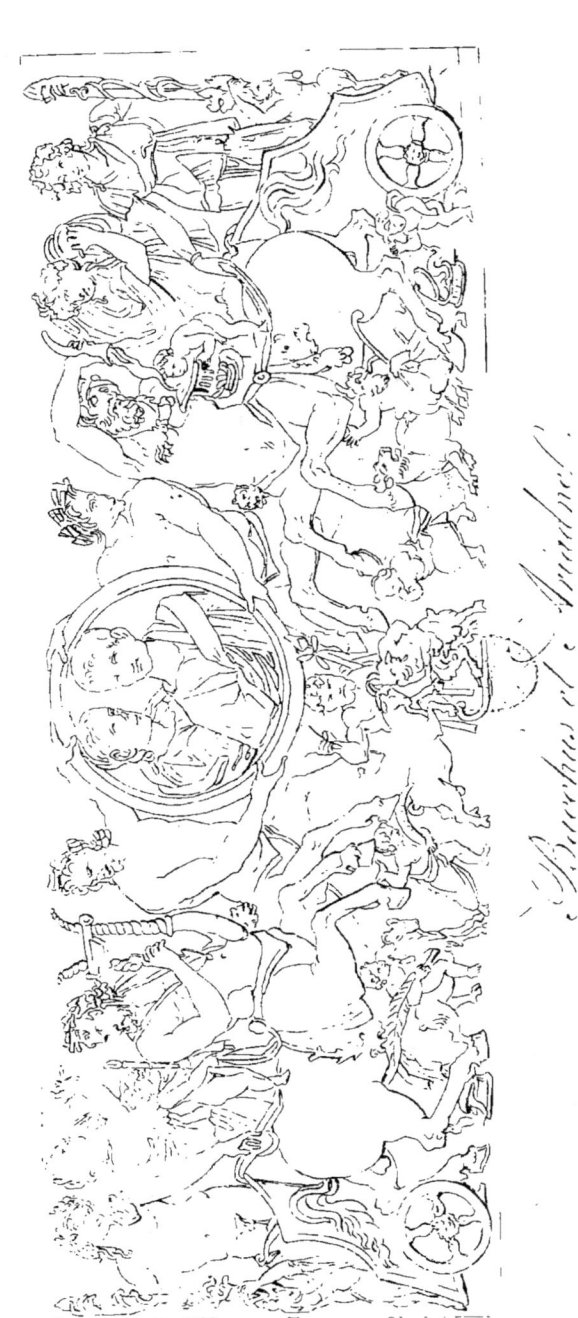

Bacchus et Ariadne.

plupart des sujets qui couvrent les tombeaux des anciens ayant l'astronomie pour base, sous des formes allégoriques, sont la peinture des phénomènes célestes et terrestres.

Bacchus et son épouse, couronnés de pampres, tenant des thyrses dans leurs mains, et placés aux extrémités du bas-relief, sont portés sur deux chars attelés de centaures. Parmi les figures accessoires, exécutées avec autant de soin que les autres, on distingue l'Amour monté sur le dos d'un centaure qui pince de la lyre et qui traîne le char de Bacchus. L'autre Centaure, attelé au char d'Ariadne, est monté d'un enfant auquel il verse à boire du vin qu'il fait couler d'un rhyton. La cyste des mystères de Bacchus n'est point oubliée, et entre autres sujets formant l'ensemble du bas-relief et relatifs aux Bacchanales, on voit un Faune combattant avec un bouc; un petit enfant tenant une palme, monté sur un autre bouc; et en regard un Satyre à cheval sur une panthère.

Le médaillon du milieu renferme les bustes d'un Romain et de sa femme dont les corps reposaient dans ce tombeau. Le costume et la coiffure de la femme indiquent le troisième siècle de l'ère chrétienne.

VESTIBULE.

Il y avoit à Rome des magasins où on tenait de ces sortes de sarcophages tout sculptés. Souvent on laissoit une place vide, propre à recevoir une insscription ou le portrait de ceux que l'on y déposait.

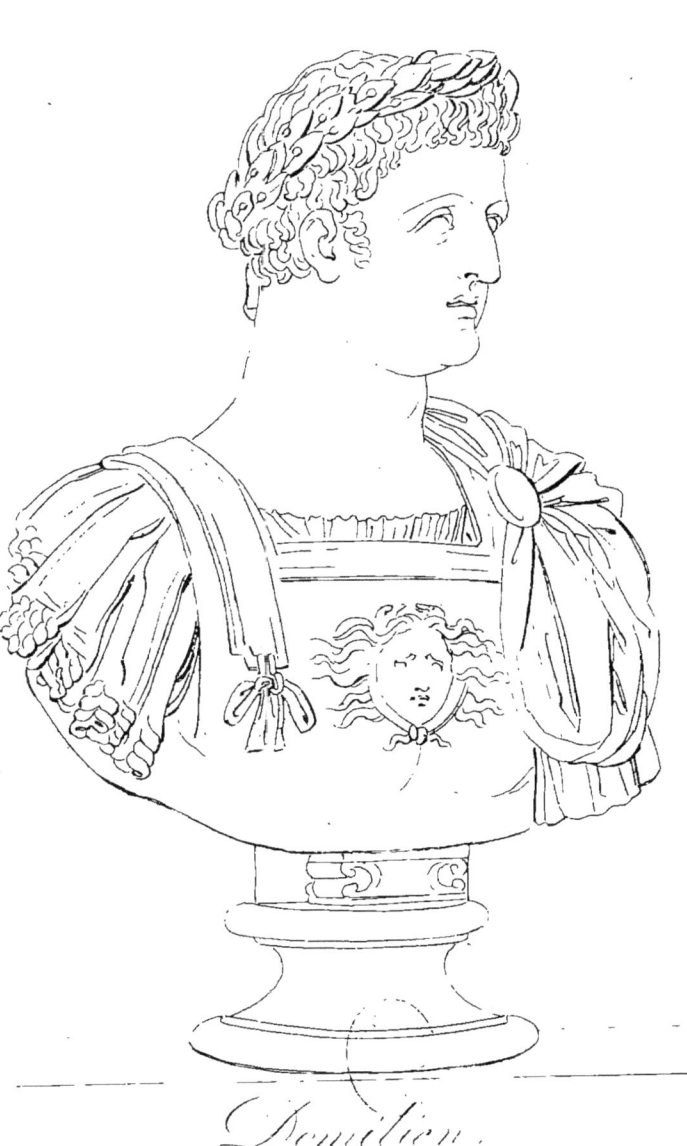

Domitien.

7 (Musée, n° V).

DOMITIEN.

BUSTE COLOSSAL.

Haut. 0,866 m. — 2 pieds 8 p.

Représenté ici cuirassé et couronné de laurier. Ce buste faisait partie de la collection des marbres de la *Villa Albani*; il a été acheté par le roi.

Domitien (*Titus Flavius Domitianus*). Cet empereur fut comparé à Tibère; il était frère de Titus, fils de Vespasien, et de Flavia Domitilla, né le 24 octobre, l'an 51 de J.-C.; se fit proclamer empereur l'an 81, sans attendre que Titus fut mort; mais il s'en défit bientôt par le poison, suivant quelques auteurs. Son avénement à l'empire promit d'abord des jours sereins au peuple romain. Domitien affecta d'être doux, libéral, modéré, désintéressé, ami de la justice, ennemi de la chicane, des délateurs et des satiriques. Il rétablit les bibliothèques consumées par le feu, et fit venir de divers lieux, particulièrement d'Alexandrie, des exemplaires de plusieurs livres. Il embellit Rome de quelques beaux édifices. Ces commencemens heureux finirent par des cruautés inouïes. Il versa le sang des chrétiens, et voulut en abolir le nom.

Il fit enterrer toute vivante Cornélie, la première des vestales, sous prétexte d'incontinence, tandis qu'il se livrait à l'inceste avec sa propre nièce, et à des amours contre nature. Rien n'égalait sa lubricité, si ce n'était son orgueil. Il voulut qu'on lui donnât les noms de *Dieu* et de *Seigneur*. Les savans et les gens de lettres furent persécutés à leur tour : les historiens surtout, parce qu'ils sont les justes dispensateurs de la gloire auprès de la postérité. Ce monstre, troublé par ses remords et par différentes prédictions des astrologues, était dans des transes continuelles. Ses appréhensions lui firent imaginer d'environner la galerie de son palais, sur laquelle il se promenait ordinairement, de pierres polies, qui renvoyaient l'image à peu près comme un miroir, afin que la réflexion de la lumière lui découvrît si on le suivait. Pline le jeune peint éloquemment la vie farouche et solitaire qu'il menait : « Enfermé dans son palais comme une bête féroce dans son antre, tantôt s'y abreuvant, pour ainsi dire, du sang de ses proches, tantôt méditant la mort des plus illustres citoyens, et s'élançant au dehors pour le carnage. L'horreur et la menace gardaient les portes du palais; et l'on tremblait également d'être admis et d'être exclus. On n'osait approcher, on n'osait même adresser la parole à un prince toujours caché dans l'ombre et fuyant les regards, et qui ne sortait de sa profonde solitude que pour faire de Rome un désert. Cependant dans ces murs mêmes, et dans ces retraites profondes auxquelles il avait confié sa sûreté, il enferma avec lui un dieu vengeur des crimes. » En effet, toutes les précautions de Domitien ne lui servirent de rien. Il fut assassiné le 18 septembre de l'an 96 de J.-C., par Etienne, affranchi de sa femme Domitia-Longina. Le sénat le priva de la sépulture. Il avait autrefois convoqué ce corps illustre, pour décider dans quel vase il devait faire cuire un turbot. Une autre fois il l'assiégea dans les formes, et le fit environner de soldats. Ayant invité un autre jour les principaux sénateurs, il les fit conduire en cérémonie dans une grande salle tendue de noir, éclairée de quelques flambeaux funèbres, qui ne servaient qu'à laisser voir différens cercueils, sur lesquels on lisait les noms des convives. On vit au même instant entrer dans la salle des hommes tout nus, aussi noirs que la tapisserie, tenant une épée d'une main et une torche allumée de l'autre. Ces espèces de furies, après avoir quelque temps épouvanté les sénateurs, leur ouvrirent la porte. Domitien mêlait à ces scènes horribles des scènes ridicules. Il restait des jours entiers dans son cabinet, occupé à prendre des mouches avec un poinçon fort aigu. Quelqu'un à qui l'on demanda si l'empereur était seul, répondit : « Oui, tellement seul qu'il n'y a pas même une mouche avec lui. » Il faut convenir que Domitien n'était ni aussi fou ni aussi déréglé que Caligula et Néron. Tillemont dit qu'il avait plus de ressemblance avec Tibère par son humeur sombre, par sa méchanceté réfléchie, par une politique aussi artificieuse que cruelle. Au milieu de toutes ces extravagances, il eut l'intention de maintenir la justice dans son empire. Il était grand, bien fait; son visage annonçait la modestie, et il rougissait très-aisément. Il avait d'abord paru aimer la littérature; mais il la négligea tellement ensuite, que, contre l'usage des premiers Césars, il se servait de la plume d'autrui pour écrire ses ordonnances, ses harangues, et mêmes ses lettres. Il ne lisait que les mémoires de Tibère pour y étudier les maximes de la tyrannie. C'est le dernier des douze empereurs qu'on appelle improprement *Césars*, dont la race avait fini à Néron.

8

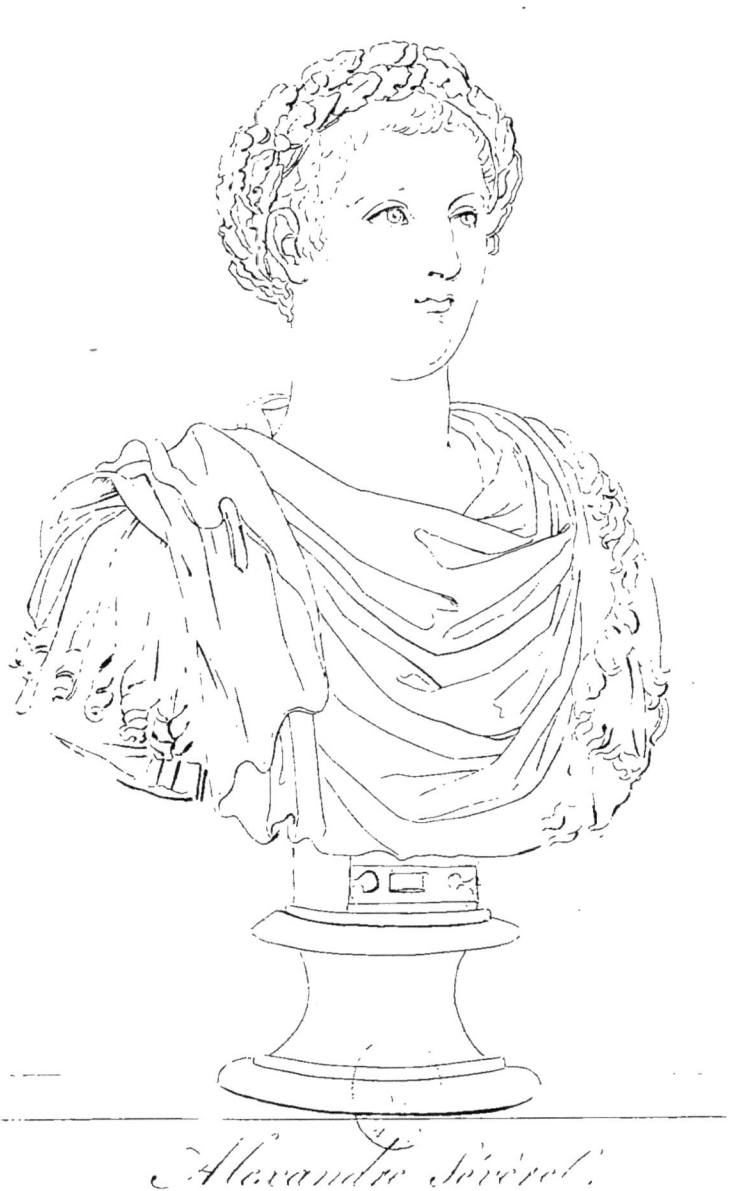

Alexandre Sévère.

8 (Musée, n° VI).

ALEXANDRE SÉVÈRE.

BUSTE COLOSSAL.

Marbre de Luni.

Haut. 0,852 m. — 2 pieds 7 p. 6 lig.

C'est à juste titre que l'on a donné ici une couronne civique à cet empereur citoyen; la draperie qui couvre sa cuirasse et que l'on appelait *Paludamentum*, est d'un excellent style.

Alexandre Sévère (*Marius Aurelius Severus Alexander*), fils de Génésius Marianus et de Mammée, né à Arco en Phénicie, l'an 208, fut adopté par Héliogabale, qui lui donna le nom d'Alexandre. Cet empereur, fâché que le jeune César ne copiât pas toutes ses extravagances, forma le dessein de lui ôter la vie; mais connaissant l'amour des soldats pour Alexandre, il n'osa pas en venir à l'exécution. Alexandre, proclamé auguste et empereur l'an 222 après la mort tragique d'Héliogabale, retrancha tous les abus du règne précédent. La fidélité de ses peuples fut son principal objet. Il passait tous les jours entre des savans et des amis éclairés, pour s'instruire avec les uns et consulter les autres. Il vivait avec ceux-ci en égal, les visitait dans leurs maladies, prévenait leurs besoins. *Pourquoi ne me demandez-vous rien?* leur disait-il; *aimez-vous mieux vous plaindre en secret que de m'avoir obligation?* Un de ses premiers soins fut de pourvoir aux nécessités des soldats. *Ils ne craignent point leurs chefs*, disait-il, *s'ils ne sont bien vêtus, bien nourris, et s'ils n'ont quelque argent dans leur bourse.* Il orna Rome de nouvelles écoles pour les beaux-arts et les sciences. Il payait non-seulement les professeurs qui les enseignaient, mais encore les pauvres écoliers qui avaient du goût pour l'étude. Il donnait un logement dans son palais aux gens de lettres distingués. Mais s'il sut récompenser, il sut aussi punir à propos. Un certain Turinus, vendant le crédit qu'il avait auprès de l'empereur à ses protégés, Alexandre ordonna qu'il fût lié à un poteau, et qu'on allumât autour de lui du foin et du bois vert, tandis qu'un héraut crierait : *Le vendeur de fumée est puni par la fumée....* A son avénement, le palais impérial était un gouffre où s'engloutissaient tous les revenus de l'empire. Il y avait beaucoup de charges inutiles, il les supprima. Il ne garda pour le service journalier que les personnes nécessaires. Le luxe des équipages, et surtout celui des tables, furent proscrits. On ne servait sur celle d'Alexandre Sévère, les jours de cérémonie, que deux faisans et deux poulardes. *La majesté de l'empire se soutient*, disait-il, *par la vertu et non par une vaine ostentation.* Il ne souffrit jamais que les offices qui donnaient un certain pouvoir de faire le bien ou le mal fussent vendus. *C'est une nécessité*, disait-il, *que celui qui achète en gros vende en détail.* Pour faire un bon choix dans les personnes destinées aux emplois publics, il les annonçait avant de les y nommer ; tous les particuliers pouvaient dire alors ce qu'ils savaient pour et contre elles. Quand les magistrats étaient choisis, il leur accordait toutes sortes d'honneurs, s'ils en étaient dignes, jusqu'à les faire monter avec lui dans sa litière. Son amour pour la justice lui faisait répéter souvent cette maxime qu'il avait apprise des chrétiens : *Ne faites point à autrui ce que vous ne voudriez pas qu'il vous fît* ; et il la fit écrire en gros caractères sur les murs de son palais. Son goût pour la religion chrétienne alla jusqu'à donner un édit en faveur de ceux qui la professaient. On trouve dans un rescrit cette maxime : *Qu'il est plus important que Dieu soit adoré, de quelque façon que ce soit, qu'il ne l'est que des négocians aient plutôt un lieu qu'un autre pour la facilité de leur commerce*. C'était à l'occasion d'une place destinée à une église que les païens voulaient enlever aux chrétiens, qu'Alexandre rendit cet arrêt en faveur de ceux-ci. En 228, Artaxercès, roi de Perse, forma le hardi projet d'enlever aux Romains tout ce qu'ils possédaient en Asie. Il entra sur leurs terres, ravagea la Mésopotamie, et pénétra jusqu'à la frontière de la Syrie. Alexandre, informé de cette irruption, essaya d'abord la voie de la négociation; mais Artaxercès continuant ses ravages, l'empereur partit de Rome pour combattre en personne. Lorsqu'il fut arrivé à Antioche, il tâcha encore de porter le roi de Perse à des sentimens de paix. Artaxercès, au lieu de s'y prêter, lui envoya quatre cents de ses sujets d'une figure imposante et magnifiquement armés, pour le sommer de vider l'Asie, jusqu'au Pont-Euxin et à la mer Egée. Alexandre fit dépouiller ces envoyés et les retint captifs : en quoi il viola le droit des gens. Cependant il exerçait ses troupes sans relâche; et sa vigueur pour le maintien de la discipline ayant fait révolter une des légions de l'Egypte, il sut la réprimer par sa fermeté. Ces soldats mutinés, s'avancent avec de grands cris, et les armes hautes comme pour le tuer : *C'est contre les ennemis,* leur dit-il, *que vous devez tourner vos clameurs, non contre votre empereur qui prend soin de vous nourrir et de vous entretenir.* Leur cris redoublant avec leur audace : *Cessez,* leur dit encore Alexandre, *de me menacer ; servez-vous de ces armes contre les Perses, non contre moi. En me tuant, vous ne vous déferez que d'un homme, et la république trouvera bientôt des vengeurs pour vous punir.* Enfin voyant qu'ils continuaient de s'avancer, il leur cria d'un ton ferme et animé: *Citoyens, quittez vos armes et retirez-vous.* A ce mot de *citoyens,* que César avait employé si utilement dans une semblable conjoncture, ils s'arrêtèrent tout interdits, quittèrent leurs armes et leurs habits et se dispersèrent aussitôt dans la ville. Mais un mois après, Alexandre, touché de leur repentir, les rétablit dans leurs fonctions militaires, et se contenta de faire mourir les tribuns qui, en négligeant la discipline, avaient été la cause indirecte de la révolte. Cette même légion se distingua peu de jours après sur toutes les autres contre les Perses, dans une bataille que les Romains gagnèrent sur eux l'an 231. Alexandre se comporta dans cette glorieuse journée en soldat autant qu'en capitaine, se montrant partout et animant les troupes par son exemple. Artaxercès, quoique supérieur en nombre, fut obligé de prendre la fuite. Il laissa sur la place dix mille de ses meilleurs cavaliers, une grande partie de son infanterie, et cinq cents éléphans. Le vainqueur, ayant distribué le butin aux soldats et aux officiers, revint à Rome, où il fut salué du nom de *Persique*. Pendant la pompe de son triomphe, le peuple ne cessait de crier : « Rome n'a rien à craindre, puisqu'elle a son Alexandre. » On apprit alors que les Germains ravageaient l'Illyrie et les Gaules. Alexandre marcha contre eux, malgré le présage d'une femme druide, qui lui cria, dit-on, sur la route : « Va, mais ne compte pas sur la victoire, et garde-toi de tes soldats. » En effet, lorsqu'il se préparait à passer le Rhin, les Gaulois, accoutumés à la licence, se soulevèrent contre lui; un de ses officiers, nommé Maximin, le fit assassiner avec sa mère à Schillingen, près de Mayence, en 235. Il n'était âgé que d'environ vingt-sept ans, et n'en avait régné que treize et quelques jours. Cet empereur vertueux avait toujours refusé de son vivant les titres de *Seigneur* et de *Dieu*, qu'on avait prodigués à tant d'empereurs qui les avaient déshonorés. Nous avons suivi, dans le récit de son expédition en Perse, l'historien Lampride; mais nous devons observer qu'Hérodien, auteur contemporain, ne donne pas une idée favorable de la manière dont

Alexandre conduisit cette guerre, et qu'il parle plus des pertes des Romains que de leurs succès. Il ne paraît pas qu'Alexandre ait eu des enfans de ses trois femmes. On ignore le nom de la première; la seconde s'appelait Memmia, et la dernière Orbiana.

9 et 10 (Musée, n°s VII et VIII).

PRISONNIER BARBARE.

STATUE COLOSSALE.

Porphyre.

Haut. 2,599 m. — 7 pieds 4 p. 7 lig.

L'ensemble de cette statue est imposant. Les draperies taillées avec hardiesse, quoiqu'en porphyre, matière singulièrement réfractaire au ciseau, ne laissent rien à désirer pour l'exécution. Il y a tout lieu de croire, comme on le dit, que cette statue, dont la tête et les mains sont en marbre blanc, de restauration du XVIIIe siècle, représente un prince barbare, qui aurait été asservi par quelque empereur romain du Bas-Empire, et qu'elle aurait été détachée d'un arc de triomphe.

10 (Musée, n° VIII).

Bas-relief. *Marbre de Paros.*

Haut. 0,579 m. — 1 pied 9 p. 5 lig. — Larg. 0,279 m. — 10 p. 4 lig.

Servant de piédestal à cette statue qui ornait le tombeau de Berthenus, fabricant de lits, comme l'indiquent l'inscription et les instrumens relatifs à son état, qui y sont représentés (*Clinopégos*).

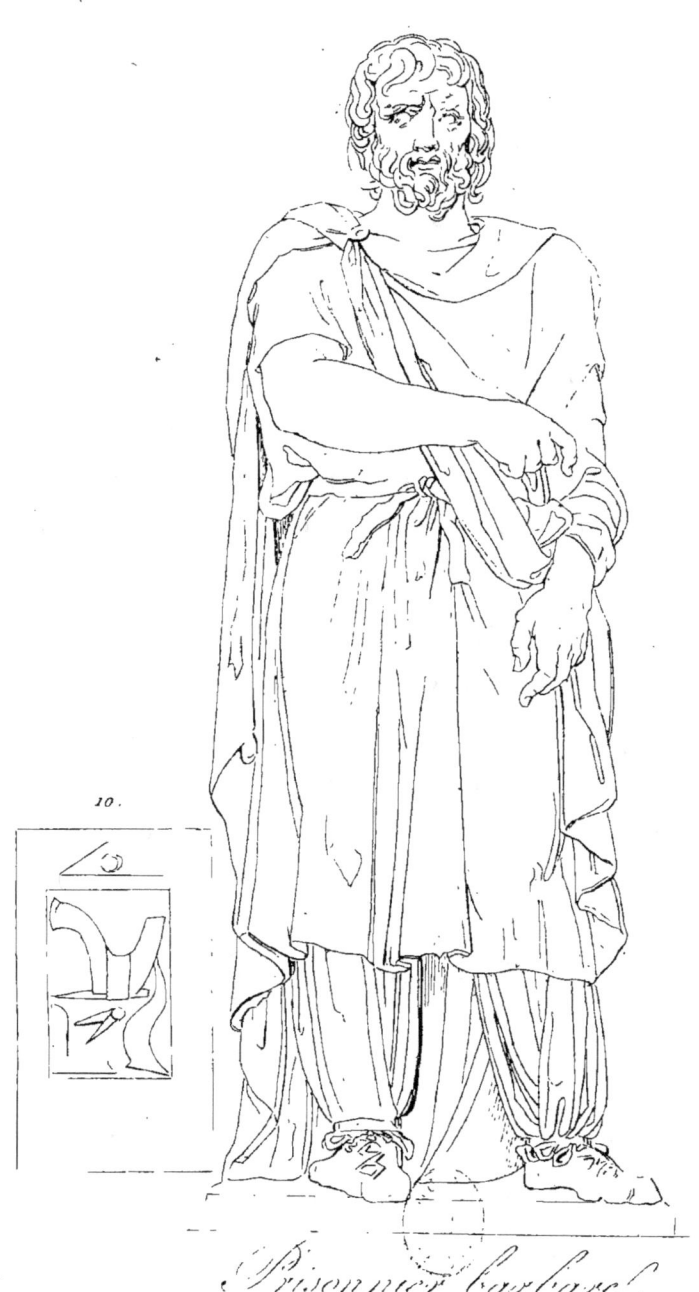

Prisonnier barbare.

Les prisonniers de guerre, à Rome, suivaient leur vainqueur dans son triomphe, chargés de chaînes et dans l'attitude que l'on voit ici. C'est ainsi que la fameuse Zénobie honora le triomphe de son vainqueur Aurélien, lit-on dans le dictionnaire d'antiquités de l'Encyclopédie. Si la mort ne leur permettait pas d'assister à la cérémonie du triomphe, continue le savant auteur de cet ouvrage, d'après un passage de Plutarque, on y portait le plus souvent leurs images, ce que fit Auguste par rapport à Cléopâtre, qui s'était tuée pour ne pas être exposée à cette ignominie.

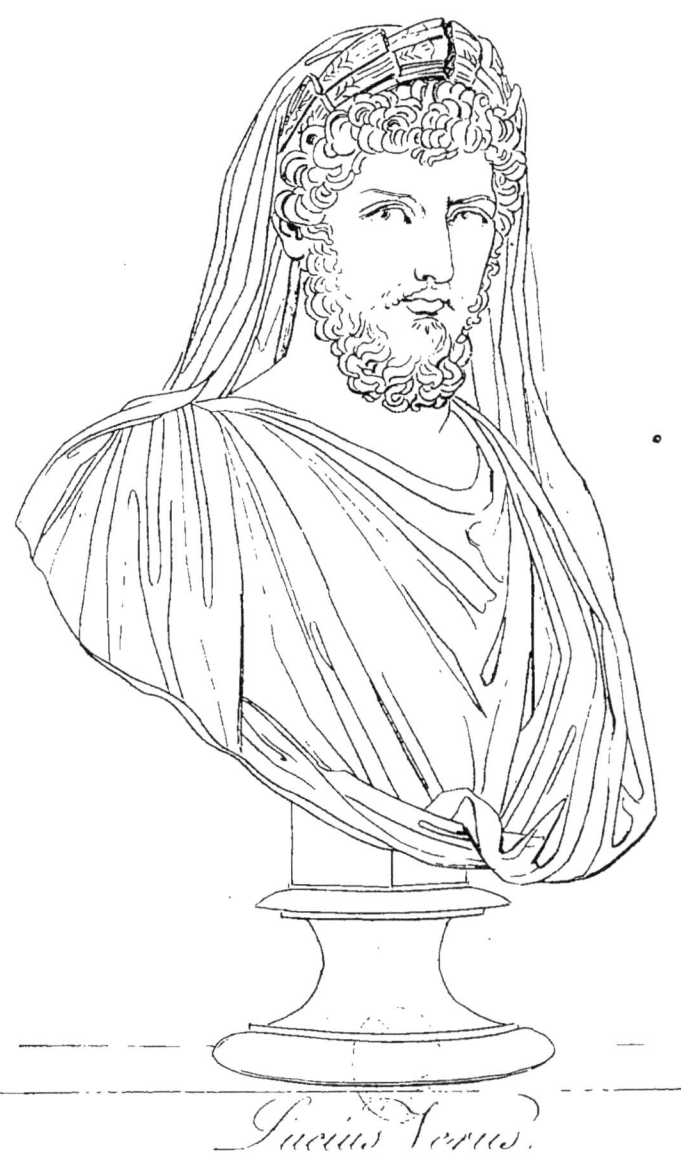

Lucius Verus.

II. (Musée , n° IX).

LUCIUS VÉRUS.

BUSTE COLOSSAL.

Marbre de Paros.

Haut. 0,896 m. — 2 pieds 9 p. 2 lig.

La tête de cet empereur est couverte d'un des pans de la toge et couronnée d'épis de blé, selon le costume que portaient les *frères Arvales*, institués par Romulus, qui en fixa le nombre à douze membres, choisis parmi les premières personnes de l'état. Ils présidaient aux sacrifices que l'on faisait à Cérès pour la prospérité des biens de la terre. L'abbé Marini a écrit un ouvrage savant sur ce sujet. Ce buste vient du château d'Ecouen.

Vérus (*Lucius Cëionius Commodus*), empereur romain, fils d'OElius et de Domitia Lucilla, n'avait que sept ans lorsqu'Adrien, qui aimait son père, fit adopter le fils par Marc-Aurèle qui lui donna sa fille Lucille en mariage et l'associa à l'empire. Ce prince l'ayant envoyé en Orient contre les Parthes, Lucius Vérus les défit l'an 163 de J.-C. Six ans après il mourut d'apoplexie à Altino, en 169, âgé de trente-neuf ans selon les uns et de quarante-deux suivant les autres. Après sa mort, Marc-Aurèle associa Commode à l'empire. Vérus avait peu des bonnes qualités de son collègue. On avoue à la vérité qu'il était doux, franc et bon ami ; il aimait assez la philosophie et les lettres, et avait toujours auprès de lui quelques savans. Mais quoiqu'il affectât un air grave et sévère et qu'il portât une barbe très-longue, il avait cependant un penchant extrême aux plaisirs. Son respect pour Marc-Aurèle retint d'abord ce penchant dans quelques bornes; mais il éclata ensuite avec excès. Il était d'ailleurs gouverné par ses affranchis, dont quelques-uns étaient très-vicieux et très-méchans. Marc-Aurèle était chargé seul du poids des affaires, tandis que son collègue, oisif et voluptueux, ne gardait de l'autorité que ce qu'il lui en fallait pour satisfaire ses vices. Les comédiens, les bateleurs, les joueurs d'instrumens étaient sa compagnie ordinaire. Tous les jours, après avoir soupé frugalement avec son frère, il allait faire chez lui un festin somptueux avec de jeunes débauchés. Dans un de ces repas, ce ne fut pas assez pour Vérus de faire servir tout ce qu'il y avait de plus délicieux et de plus rare en vins et en viandes ; il était lui douzième à table, et il donna à chacun de ses convives le jeune échanson qui avait servi à boire, un maître d'hôtel, avec un service de vaisselle complet, les mêmes animaux vivans, soit quadrupèdes, soit oiseaux, dont les chairs avaient paru sur la table. Tous les vases dont on usa pour boire étaient précieux par la matière et par les ornemens, or, argent, cristaux, pierreries : on en changea chaque fois que l'on but, et toujours le vase fut donné à celui qui s'en était servi. Il leur donna des couronnes de fleurs qui n'étaient point de saison, avec des pendans tissus d'or; des vases d'or remplis de parfums les plus exquis; et pour les ramener chez eux il leur donna des voitures toutes brillantes d'argent, avec l'attelage de mulets et le muletier pour les conduire. Ce repas coûta à Vérus (ou plutôt au peuple) six millions de sesterces, ou 750,000 livres. Quelquefois on le vit imiter les indignes amusemens de Néron. La tête enfoncée dans un capuchon qui lui couvrait une partie du visage, il courait les rues de Rome pendant la nuit, entrait dans les tavernes et dans les lieux de débauche, y prenait querelle avec les gens de néant qu'il y trouvait, et souvent il remportait au palais les marques des coups qu'il avait reçus dans ces combats indécens. Il aimait à la fureur les spectacles de la course des chariots, et il était fauteur passionné de la faction *verte*. Il s'intéressait d'une façon si déclarée et si partiale pour les coureurs de cette livrée, que souvent assis aux jeux du cirque à côté de Marc-Aurèle, il s'attira des reproches et des injures de la part des *bleus* leurs adversaires. Emule des extravagances de Caligula, il affectionna follement un cheval qu'il nommait *l'Oiseau*, et qu'il nourrissait de raisins secs et de pistaches.

12 (Musée, n° X).

ANTONIN PIE.

BUSTE COLOSSAL.

Marbre de Paros.

Haut. 0,652 m. — 2 pieds 7 p. 6 lig.

Représenté avec le même costume que l'on a donné à *Lucius Vérus*, son fils adoptif. (*Voyez* le n° 11 (Musée, n° IX), *Château d'Ecouen.*)

ANTONIN, empereur romain, surnommé *le Pieux*. Il méritait, suivant Pausanias, non-seulement ce titre, mais encore celui qu'on avait donné à Cyrus, de *père des hommes*. Né de parens originaires de Nîmes, il vit le jour en Italie, dans la ville de Lanuvium, l'an 86 de J.-C. Créé d'abord proconsul d'Asie, puis gouverneur d'Italie, et

12.

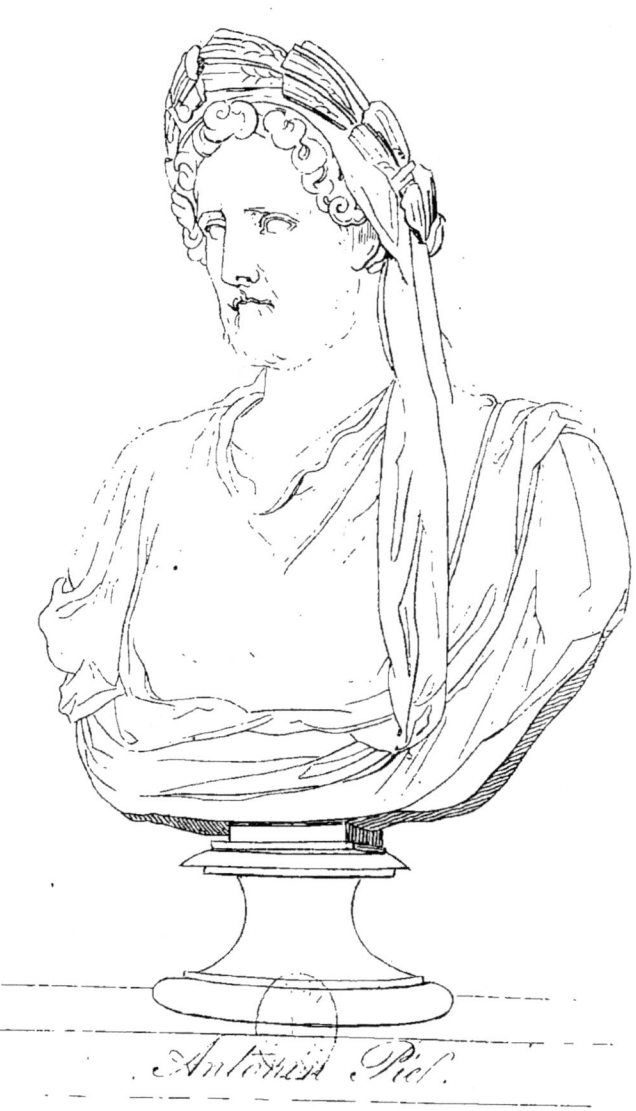

Antonia Pia.

consul l'an 120 de J.-C. Il se montra dans ces premiers emplois ce qu'il fut sur le trône impérial, doux, sage, prudent, modéré, juste. Adrien l'adopta, et il fut son successeur l'an 138. Il rendit d'abord la liberté à plusieurs personnes arrêtées par les ordres d'Adrien, qui les destinait à la mort. Le sénat, enchanté du commencement de son règne, lui décerna le titre de pieux, et ordonna qu'on lui érigeât des statues. Antonin les méritait. Il diminua les impôts et consomma une partie de son patrimoine en œuvres de bienfaisance. Son nom fut aussi respecté par les étrangers que par ses sujets. Plusieurs peuples lui envoyèrent des ambassadeurs ; d'autres voulurent qu'il leur donnât des souverains. Des rois mêmes vinrent lui faire hommage. Il sut éviter la guerre, et son nom seul contint les barbares. Rome et les provinces de l'empire ne fleurirent jamais autant que sous son règne. Si une de ses villes essuyait quelque calamité, il la consolait par ses largesses. Si quelque autre était ruinée par le feu, il la faisait rebâtir des deniers publics. C'est ainsi qu'il en usa à l'égard de Rome, de Narbonne, d'Antioche et de beaucoup d'autres. Il orna plusieurs villes de monumens magnifiques et utiles. Dans le temps de son adoption, il avait promis, selon l'usage, des largesses au peuple; il les acquitta de son propre bien. Faustine, son épouse, lui en ayant fait des reproches : « Ne devez-vous pas savoir, lui dit-il, que depuis que nous sommes parvenus à l'empire, nous avons perdu le droit de propriété, même sur ce que nous possédions auparavant? » Ce prince donna en effet son patrimoine à l'état, s'en réservant seulement l'usufruit à lui et à sa fille Faustine, qu'il maria à Marc-Aurèle. Il ne craignait rien tant que de déplaire à son peuple. Dans une émeute populaire, occasionnée par une famine, quelques séditieux s'étant présentés à lui, au lieu de venger l'autorité outragée, il la rabaissa jusqu'à leur rendre compte des mesures qu'il prenait pour soulager la misère publique. Il ajouta en même temps un secours effectif, en faisant acheter à ses dépens des blés, des vins, des huiles, qu'il distribua gratuitement aux pauvres citoyens, dont il se regardait comme l'économe, au lieu de déplacer les gouverneurs de provinces et de surcharger le peuple par le changement continuel de ses chefs, il laissait chacun d'eux à sa place, et tâchait de lui communiquer ses lumières et sa modération. Il ne permit point au sénat de rechercher des malheureux qui avaient conspiré contre lui à son avénement au trône. « Je ne veux point, dit-il, commencer mon règne par des actes de rigueur. Ce ne serait certes point une chose agréable ni honorable, que vos informations prouvassent que je suis haï d'un grand nombre de mes concitoyens. » Les délateurs furent bannis sous son règne. Il n'avait nul besoin de ces hommes vils au milieu d'un peuple qui l'adorait. dans les questions d'adultère intentées par les maris, il voulait qu'on examinât leur conduite ainsi que celle de la femme, et s'ils étaient tous deux coupables, ils devaient être tous deux punis; « car, disait-il, il est tout à fait injuste qu'un époux exige de son épouse l'observation des devoirs qu'il ne remplit pas lui-même. Lorsqu'on lui vantait les conquérans qui ont désolé la terre, il disait comme Scipion l'Africain : « Je préfère la vie d'un citoyen à la mort de mille ennemis. » Le paganisme n'abusa point de sa religion pour faire persécuter les chrétiens; touché de leurs plaintes, il publia cette lettre si connue, dans laquelle il ordonna non-seulement de les absoudre, mais même de punir leurs accusateurs. Lorsqu'il fut attaqué de la maladie dont il mourut, le 7 mars 161, âgé de 73 ans, il eut des momens de délire, et l'on remarqua qu'il se mettait alors en colère; mais ce n'était que contre les princes qui voulaient déclarer la guerre à son peuple. Quelqu'un lui ayant demandé le mot de ralliement, il répondit: *æquanimitas* (égalité d'âme); il se retourna aussitôt et mourut aussi paisiblement que s'il s'était endormi. S'il y a eu des souverains qui aient mérité l'apothéose, ce fut sans doute Antonin; sa mort fut un deuil pour le genre humain; c'était Socrate sur le trône. On ne peut se refuser d'ajouter un trait qui caractérise bien sa modération. Antonin étant proconsul d'Asie, fut logé en arrivant à Smyrne dans la maison d'un certain Polémon, sophiste, alors absent. Lorsque ce pédant fut de retour, il fit tant de fracas qu'il obligea le proconsul de sortir de son logis au milieu de la nuit. Antonin étant devenu empereur, le sophiste vint à Rome et alla lui faire sa cour. Antonin lui dit d'un air riant : « J'ai ordonné qu'on vous lo-

13 et 14.

14.

Prisonnier barbare.

geât dans mon palais; vous pouvez prendre votre appartement sans craindre qu'on vous en chasse à minuit. » On lui attribue *l'itinéraire* qui porte son nom et qui contient le détail de toutes les voies militaires de l'empire romain, avec les noms des lieux où elles passent, et les distances exprimées en milles romains, en stades et en lieues gauloises.

13 et 14 (Musée, nos XI et XII).

PRISONNIER BARBARE.

STATUE.

Porphyre.

Haut. 2,399 m. — 7 pieds 4 p. 7 lig.

On voit, par le costume de cette figure colossale, qu'elle représente un prince barbare qui avait orné le triomphe de quelque empereur romain du troisième siècle; comme l'indiquent le style de l'art et l'exécution des draperies.

14 (Musée, n° XII).

Bas-relief du prisonnier barbare.

Marbre de Paros.

Haut. 0,541. m. — 1 pied 8 p. — Larg. 0,541 m. — 1 pied 7 lig.

Ce bas-relief offre un enfant ayant sur l'épaule une petite chlamyde, et qui joue avec un chien. Le même sujet est peint sur un vase antique du Musée royal de Naples.

15.

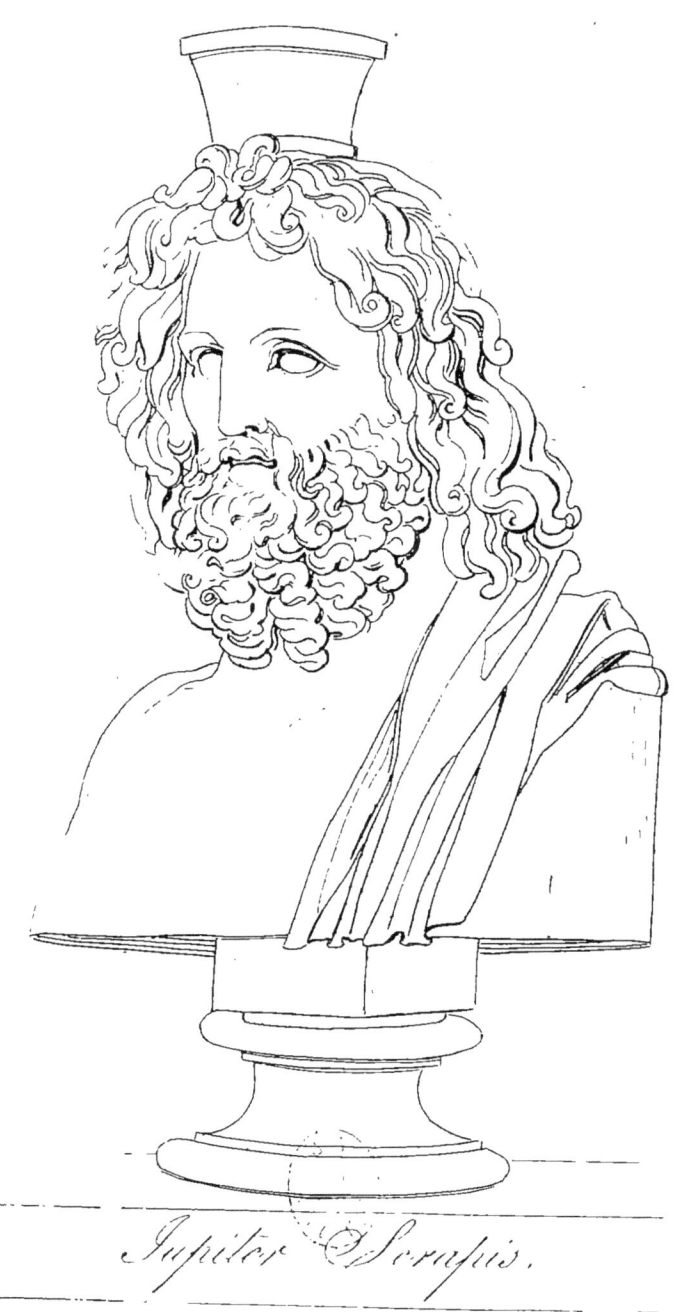

Jupiter Serapis.

15 (Musée, n° XIII).

JUPITER SERAPIS.

TÊTE COLOSSALE.

Marbre de Paros.

Haut. 0,906 m. — 2 pieds 9 p. 6 lig.

Les anciens confondaient Jupiter Serapis avec Esculape et Pluton. Cette divinité, l'image de la dégradation du soleil, est un symbole de l'automne et de l'abondance ; ce que désigne le *modius* ou boisseau, qu'il a sur la tête. L'empereur Julien voulant s'éclairer sur l'opinion communément reçue qui confondait Jupiter Serapis avec Pluton, consulta l'oracle d'Apollon, qui lui répondit : *Jupiter Serapis et Pluton sont la même divinité.*

En Egypte, Serapis, figuré avec un serpent et le modius sur la tête, exprimait la fertilité des terres produite par l'intumescence du Nil et la retraite de ses eaux (1). Le modius dont on le coif-

---

(1) On connoît plusieurs monumens égyptiens qui font voir ce dieu sous la figure d'un serpent ayant une tête humaine, barbue et chargée du *modius*.

fait était censé contenir du froment, d'autres disent de l'eau du Nil. Suivant les auteurs anciens, le culte de Serapis fut considérablement répandu en Egypte sous le règne des Ptolémées; on lui bâtit un temple à Memphis sous le nom de *Serapeum*. Ptolémée Philadelphe établit le même culte à Alexandrie, d'où il passa à Athènes et dans les autres villes de la Grèce aussi bien qu'à Rome; là il eut un superbe temple que l'on nomma *Serapeon*.

16 (Musée, n° XIV).

TRAJAN.

TÊTE COLOSSALE.

Marbre pentélique.

Haut. 0,841 m. — 2 pieds 7 p. 1 lig.

Le front de l'empereur est orné de la couronne civique, caractère distinctif du triomphe.

TRAJAN (*Ulpinus Trajanus Crinitus*), empereur romain, surnommé *Optimus*, c'est-à-dire très-bon, naquit à Italica, près de Séville en Espagne, le 18 septembre de l'an 52 de J.-C. Sa famille, originaire de la même ville, était fort ancienne; mais elle ne s'était point illustrée. Le père

16

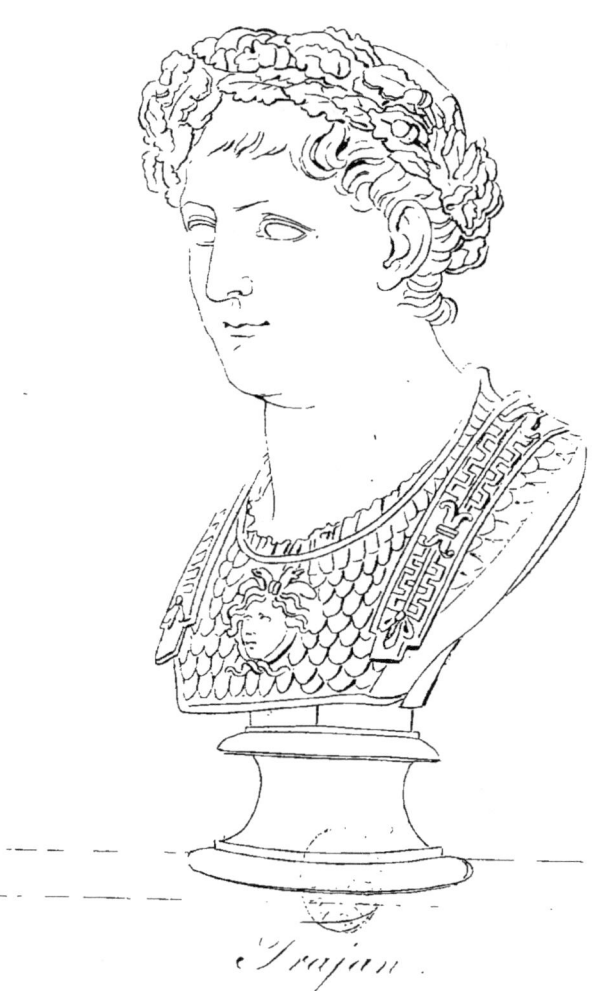

Trajan

de Trajan avait eu les honneurs du triomphe sous Vespasien, qui l'avait mis au nombre des sénateurs et l'avait admis à la dignité de consul. Son fils fut digne de lui. Ses services militaires, les talens de son esprit et les qualités de son cœur, engagèrent Nerva à l'adopter. Cet empereur étant mort quelque temps après l'an 98, dans le temps que Trajan était à Cologne, il fut unanimement reconnu par les armées de la Germanie et de la Moésie. Il fit son entrée à Rome à pied, pour montrer aux Romains le mépris qu'il faisait des vaines grandeurs. Ses premiers soins furent de gagner le peuple; il fit distribuer des sommes d'argent et abolit tous les crimes de lèse-majesté. Il allait au-devant de ceux qui le venaient saluer et les embrassait; au lieu que ses prédécesseurs ne se levaient pas de leur siége. Ses amis lui reprochant un jour qu'il était trop bon et trop civil, il leur répondit : « Je veux faire ce que je voudrais qu'un empereur fît à mon égard si j'étais particulier. » Il fit mettre, sur le frontispice du palais impérial, *palais public*, parce qu'il voulait que tous les citoyens le regardassent comme une demeure qui leur était commune. Son but était de se faire aimer de ses sujets, et il y réussit. Il haïssait le faste et les distinctions, ne permettait qu'avec peine qu'on lui érigeât des statues, et se moquait des honneurs qu'on rendait à des morceaux de bronze ou de marbre. Lorsque Trajan sortait, il ne voulait pas qu'on allât devant lui pour faire retirer le monde. Il n'était point fâché d'être quelquefois arrêté dans les rues par les voitures. Son humeur gaie et sa conversation spirituelle et polie faisaient les principaux assaisonnemens de sa table. Ses délassemens ordinaires consistaient à changer de travail, à aller à la chasse, à conduire un vaisseau ou à ramer lui-même sur une galère. Il prenait ces divertissemens avec ses amis; car il en avait, tout prince qu'il était. Fidèle à tous les devoirs de l'amitié, il leur rendait souvent visite, les admettait sur son char, et montait dans le leur. Il allait manger chez eux, assistait même aux assemblées où ils ne traitaient que de leurs affaires domestiques. Sa confiance pour eux était extrême. Quelques courtisans, jaloux du crédit de Sura son favori, l'accusèrent de tramer des desseins contre sa vie. Il arriva que ce jour-là même Sura invita l'empereur à souper chez lui; Trajan y alla et renvoya ses gardes. Il demanda aussitôt le chirurgien et le barbier de Sura, et il se fit exprès couper les sourcils par le premier et raser la barbe par l'autre, il descendit aux bains, puis se plaça tranquillement au milieu de Sura et des autres convives. Le monarque ne fut pas moins grand en lui que le particulier. Dès qu'il eut mis ordre aux affaires publiques, il tourna ses armes l'an 102 contre Décebale, roi des Daces, qui fut vaincu après une bataille longtemps disputée. Elle fut si meurtrière que dans l'armée romaine on manqua de linge pour bander les plaies des blessés. Les Daces furent obligés de se soumettre, et leur roi Décebale se tua de désespoir, l'an 105 de J.-C. Trajan entra ensuite dans l'Arménie, et s'avança dans l'Orient pour faire la guerre aux Parthes. Il soumit sans beaucoup de peine la Diabène, l'Assyrie et le lieu nommé Arbelles, si célèbre par les victoires qu'Alexandre y avait autrefois remportées sur les Perses. Les Parthes, épuisés par leurs divisions continuelles, n'avaient point de troupes à lui opposer. Trajan entra l'an 112 dans leur pays, sans presque trouver de résistance ; il prit Séleucie, Ctésiphon, capitale du royaume des Parthes, et obligea Chosroës à quitter son trône et son pays, l'an 115 de J.-C. Il soumit ensuite toutes les contrées des environs, et poussa ses conquêtes jusqu'aux Indes. Il assiégeait Astra, située près du Tigre ; mais les chaleurs excessives de ce pays le forcèrent à lever le siége, quoiqu'il eût déjà fait la brèche à la muraille. Trajan eut à combattre, vers le même temps, les juifs de la Cyrénaïque, qui, irrités contre les Romains et contre les Grecs, poussèrent la rage jusqu'à dévorer leur chair et leurs entrailles, à se teindre de leur sang et à se couvrir de leur peau. On dit qu'ils en firent mourir plus de 200,000, et les juifs d'Egypte, en proie à la même fureur, exercèrent des barbaries non moins atroces. Ces horreurs furent punies comme elles le méritaient. On ne souffrit plus de juifs sur ces côtes, et on y égorgeait même ceux que la tempête y jetait. Trajan, usé par les fatigues, mourut quelque temps après à Sélinunte, appelée depuis Trajanopolis, le 10 août de l'an 117 de J.-C. Quoiqu'il n'eût pensé nullement à adopter Adrien, celui-ci lui succéda, en vertu d'une adoption supposée par Plotine son épouse. Elle envoya l'avis de cette prétendue adoption au sénat, et elle fut crue sur sa parole; parce que, s'étant rendue maîtresse des derniers momens de son époux, elle fut libre de feindre ce qu'elle voulut. Cependant la lettre, signée de Plotine et non pas de Trajan, décelait la supercherie. Elle aurait pu contrefaire la main de son mari comme elle lui avait prêté le ministère d'une voix étrangère; car on assure qu'elle joua une scène comique, en apostant un fourbe qui fit le personnage de l'empereur malade, et qui, d'une voix faible et mourante, déclara qu'il adoptait Adrien. Pour donner une couleur de vraisemblance à la pièce, on tint la mort de Trajan cachée pendant quelque temps : ainsi nous en ignorons la date précise. On sait seulement qu'Adrien, qui était à Antioche, reçut le 9 d'août la nouvelle de son adoption, et le 11 celle de la mort de Trajan. Ainsi ce grand empereur, ce conquérant redouté, qui avait jeté des ponts sur le Danube et sur le Tigre, qui avait conquis la Dacie et mis l'empire des Parthes sur le penchant de sa ruine, mourut en laissant un successeur qui n'était pas de son choix. Ses cendres furent portées à Rome, où on les plaça sous la colonne Trajane, élevée des dépouilles faites sur les Daces. Trajan n'était pas exempt de défauts. Il aima trop la gloire, la guerre, le vin, les femmes, et fut sujet à des habitudes monstrueuses qu'on ne peut exprimer sans voile; mais ses vices furent cachés sous l'éclat de ses vertus. Son extérieur était digne d'un prince. Il était grand, bien fait, robuste, et avait une figure régulière et majestueuse. Pline lui donne tous les talens militaires. Vigilant, infatigable, dormant peu, il marchait à pied à la tête de ses troupes, et traversait ainsi de vastes pays sans se servir ni de chariot ni de cheval. Il accoutumait les soldats à supporter la faim et la soif, en la souffrant comme eux, en se contentant de lard et de fromage. Il partageait tous leurs exercices, tous leurs travaux, les consolant dans leurs maladies, et ne rentrant mais parlé. Ce fut un bonheur d'être né sous son règne : il n'y en eut pas de si glorieux pour le peuple romain. Grand homme d'état, grand capitaine; ayant un cœur bon, qui le portait au bien; un esprit éclairé, qui lui montrait le meilleur; une âme noble, grande, belle, avec toutes les vertus, n'étant extrême sur aucune; enfin l'homme le plus propre à honorer la nature humaine et à représenter la divine. »

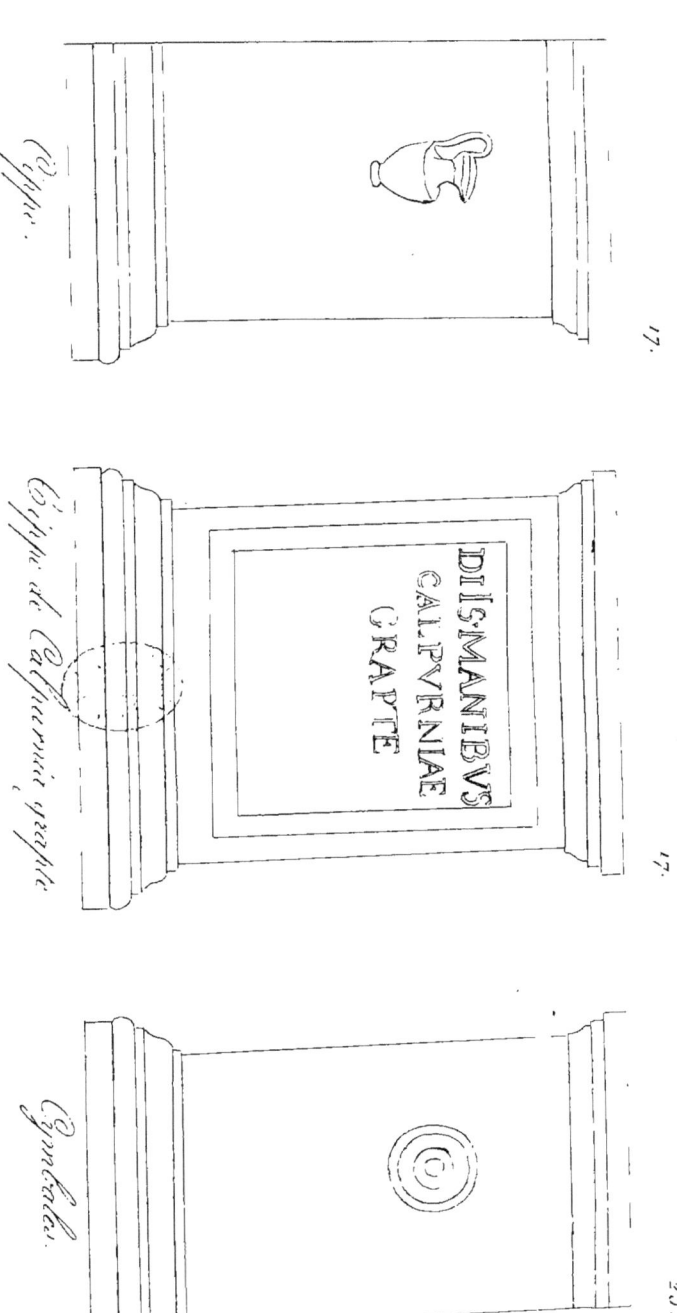

ESCULAPE.

17 (Musée, n° XV).

ESCULAPE.

BUSTE COLOSSAL.

Marbre pentélique.

Haut. 0,812 m. — 2 pieds 6 pouces.

Le dieu de la médecine est coiffé ici d'une espèce de turban formé d'une étoffe qui est roulée autour de sa tête, coiffure singulière qu'on voit dans plusieurs images antiques de ce dieu.

17 bis.

Haut. 0,650 m. — 2 pieds. — Larg. 0,579 m. — 1 pied 9 p. 5 lig.

Ce buste, qui paraît avoir fait partie d'une statue plus forte que la proportion ordinaire de l'homme, est posé sur un cippe sépulcral désigné dans la notice du Musée sous le nom de *Cralpurnia Grapté.* (17 bis.)

Esculape, fils d'Apollon et de la nymphe Coronis, est comparé à Serapis, et considéré comme le dieu de la médecine. Pour attributs on lui donne une barbe, une verge et un serpent; comme Jupiter, il fut allaité par une chèvre. On le fait naître d'un œuf de corneille, sous la forme d'un serpent; et l'on suppose qu'il apprit l'art de guérir et la connaissance des plantes. Ovide dit qu'Apollon, informé que Coronis aimait le jeune Iphys, en fut si outré que, sans considérer sa grossesse, il la perça d'une flèche et la tua. Il s'en repentit aussitôt, mais il ne put lui rendre la vie. Pendant qu'on se disposait à la mettre sur le bûcher, il tira promptement de son sein le petit Esculape, et le donna à élever à Chiron le centaure, qui lui apprit tous les secrets de la médecine. Il y fit de si grands progrès que dans la suite il fut honoré comme le dieu de l'art médical. Jupiter, irrité contre lui de ce qu'il avait rendu la vie au malheureux Hippolyte, le foudroya. Apollon pleura amèrement la perte de son fils : Jupiter, pour l'en consoler, plaça Esculape dans le ciel, où il forme la constellation du Serpentaire. Les plus habiles médecins de l'antiquité ont passé pour les fils d'Esculape. Ce dieu fut principalement honoré à Epidaure, ville du Péloponèse, où on lui éleva un temple magnifique. Ce fut aux habitans de cette ville que les Romains, dans une peste qui ravageait Rome, envoyèrent des députés pour demander la statue de ce dieu, afin de l'apporter à Rome. N'ayant pu l'obtenir des Epidauriens, ils étaient sur le point de remettre à la voile, lorsqu'ils virent entrer dans leur vaisseau un grand serpent qu'ils prirent pour le dieu Esculape, et qu'ils emmenèrent avec eux. Quand ils furent arrivés à l'embouchure du Tibre, le serpent sortit du vaisseau et s'en alla dans l'île formée par les deux bras de ce fleuve, que l'on appela Sacrée, parce qu'on y bâtit un temple en l'honneur de ce dieu, où il était représenté sous la figure d'un serpent. On lui offrait des œufs, et on lui immolait des poules et des coqs. Esculape eut deux fils, Machaon et Podalire, qui se rendirent célèbres dans la médecine. Il eut aussi trois filles, Hygiée, Eglée et Panacée. Cicéron compte plusieurs Esculapes, dont l'un avait inventé la sonde et la manière de bander les plaies; et un autre, l'usage des purgations et l'art d'arracher les dents.

Comme Apollon, Esculape est le dieu de la musique, et guérit ses malades par la douceur de sa voix et l'harmonie de son chant : on l'appelle le *dieu* bon, et on lui sacrifie un coq. Esculape ressuscite les morts. Il meurt lui-même et ressuscite comme Mithra, Adonis et Osiris.

18 (Musée, n° XVI).

SARCOPHAGE ANTIQUE.

BAS-RELIEF

(Désigné dans la notice du Musée sous le titre de Phèdre et Hippolyte).

Marbre de Paros.

Haut. 0,889 m. — 2 pieds 8 pouc. 10 lig. — Larg. 2,062 m. — 6 pieds 4 p. 2 lig.

Voici ce qu'on dit :
Ce bas-relief a fait autrefois le devant d'un tombeau. La fable d'Hippolyte y est représentée en deux actes. A gauche, on voit le fils de Thésée rejeter les séductions de Phèdre et de sa nourrice. Le temple de Diane, sculpté dans le fond, fait allusion à l'amour d'Hippolyte pour la chasse, à la pureté de ses mœurs. A droite, le même héros est à la chasse du sanglier *Phlius*, dont Sénèque le tragique a fait mention.

Je ne rejette pas entièrement l'opinion du descripteur ; mais ne serait-il pas mieux de croire que l'on a représenté ici le départ de Méléagre pour la chasse ? Ce bas-relief se divise en deux parties comme l'indique le pilastre qui monte dans le

18.

Phidias et ses Philosophes.

milieu et qui se termine par la naissance d'un arc. Le premier sujet fait voir Méléagre debout dans l'action de partir, ayant son épée à la main; il est entouré de ses voisins aussi bien que des Curètes qu'il avait invités à le suivre à la chasse du fameux sanglier qui ravageait les plaines de Calydon. Les chiens qui sont à ses pieds ne laissent aucun doute sur son entreprise. Cléopâtre, sa femme, assise devant lui, inspirée par un sentiment douloureux, prévoit d'avance les malheurs dont l'expédition sera suivie, puisqu'elle se donna la mort après la mort langoureuse de son époux. Ses femmes sont auprès d'elle, et je ne suis pas éloigné de penser que la jeune fille la plus près de Méléagre ne soit Polydora, qu'Hygin lui donne pour fille. Cléopâtre exprime la douleur la plus profondément sentie, par l'abandon de son corps et par sa tête inclinée; elle détourne la vue de l'objet qui lui est le plus cher et qu'elle voit partir à regret.

Ce qui me détermine à croire que c'est Cléopâtre, et non pas Athœa, mère de Méléagre, que l'on a représentée, ce sont les deux petits amours qui sont figurés près d'elle. Les anciens étaient dans l'usage, pour figurer en peinture ou en sculpture l'union conjugale, de dessiner deux amours, l'un placé près de la femme et l'autre près du mari.

Le second sujet du bas-relief ne laisse aucun doute sur l'action de Méléagre, que l'on voit poursuivre et acculer le sanglier jusque dans son repaire; l'attitude des chiens indiquent assez que l'animal est forcé et vaincu. Dans un des angles supérieurs du bas-relief, on voit Jupiter assis sur des nuages, appuyé et comme adossé à un chêne qui s'élève derrière lui.

Je ne pense donc pas que l'on ait eu l'intention de figurer ici Hippolyte rejetant les propositions amoureuses de Phèdre comme on l'a dit; parce que je crois que, si jamais cette reine a fait à son beau-fils une déclaration de la nature de celle qu'on lui suppose, elle ne l'aurait pas faite en présence de sa cour et encore moins devant les écuyers d'Hippolyte; et si on eût représenté cette scène scandaleuse, on n'y aurait fait paraître que trois personnages, Phèdre, sa nourrice et Hippolyte; d'ailleurs dans cette position Phèdre n'a ni l'attitude ni l'expression convenable; ce à quoi les artistes de l'antiquité ne manquaient jamais dans les ouvrages qu'ils mettaient au jour.

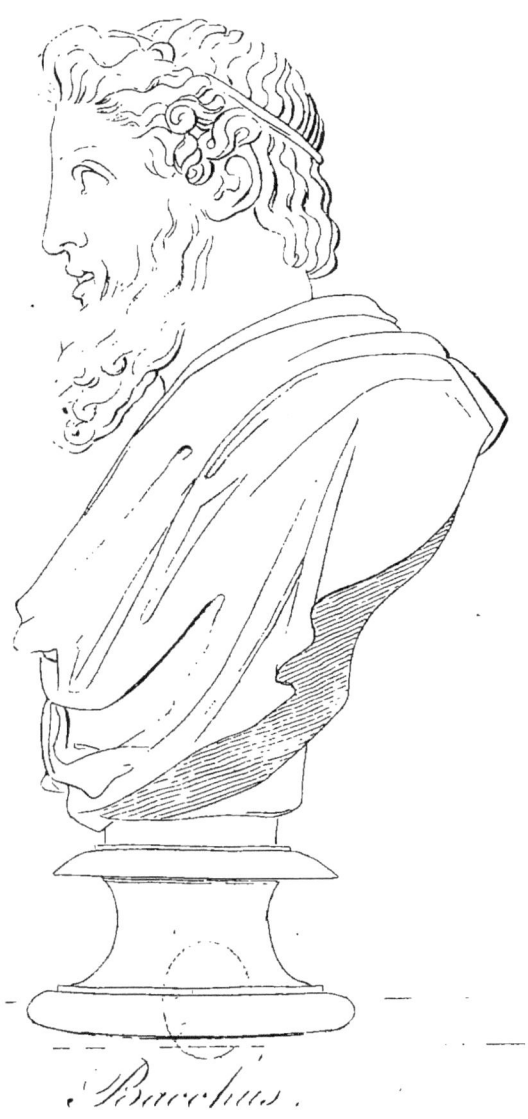

Bacchus.

19 (Musée, n° XVII).

BACCHUS POGON,

ou

A LONGUE BARBE.

BUSTE COLOSSAL.

Marbre grec désigné par les Italiens sous le nom de GRECHETTO.

Voici ce qu'on lit dans la notice du Musée : « On représentait sous ces formes le conquérant mythologique des Indes.

Bacchus chez les anciens était l'image du soleil et l'emblème du principe de la génération universelle; c'est pourquoi on l'a confondu avec Osiris et même avec Jupiter : *Jupiter est idem Pluto, Sol et Dionysius.*

Suivant Philostrate, il y avait trois Bacchus reconnus comme divinités, savoir : un *Thébain*, un *Indien*, et un *Assyrien*. L'Indien, suivant Diodore de Sicile, était fils de Jupiter Ammon et d'Amalthée; il fut nommé le *Barbu,* parce qu'il portait une barbe à la manière des Indiens. Le Bacchus indien, ou *Barbu*, était uni à Apollon, à Esculape et à Diane, et l'on ajoutait à son nom l'épithète de *Sauveur.*

Cicéron en compte jusqu'à cinq, et c'est peut-être pour cela que les auteurs ne s'accordent pas sur cette fable; mais le plus grand nombre le raconte ainsi : Junon, toujours outrée contre les concubines de Jupiter, pour se venger, conseilla à Sémélé, pendant sa grossesse, d'exiger de Jupiter qu'il se fît voir dans toute sa gloire, ce qu'elle obtint difficilement. La majesté du dieu ayant mis le feu dans la maison, elle périt dans les flammes. De crainte que Bacchus, dont elle était grosse, ne fût brûlée avec elle, Jupiter le mit dans sa cuisse, où il le garda le reste des neuf mois. Dès que le temps de sa naissance fut accompli, on le mit secrètement entre les mains d'Ino, sa tante, qui en eut soin avec le secours des Hyades, des Heures et des Nymphes. Quand il fut grand, il fit la conquête des Indes, puis alla en Egypte, où il enseigna l'agriculture aux hommes, planta le premier la vigne, et fut adoré comme le dieu du vin. Il punit sévèrement Penthée qui voulait s'opposer à ses solennités, triompha de tous ses ennemis, et se tira de tous les dangers auxquels les persécutions de Junon l'exposèrent continuellement; car les ressentimens de cette déesse ne se bornaient pas seulement aux concubines de Jupiter, elle les faisait encore retomber sur les enfans qui en naissaient. Bacchus se transforma en lion pour dévorer les géans qui escaladaient le ciel, et fut regardé, après Jupiter, comme le plus puissant des dieux. On le représentait quelquefois avec des cornes à la tête, parce que dans ses voyages il s'était toujours couvert de la peau d'un bouc, animal qu'on lui sacrifiait; tantôt assis sur un tonneau, tantôt sur un char traîné par des tigres, des lynx ou des panthères : souvent aussi tenant une coupe d'une main, et de l'autre un thyrse, dont il s'était servi pour faire couler des fontaines de vin.

20 (Musée, n° XVIII).

VASE

En forme de cratère, consacré à Bacchus.

Marbre de Paros.

Haut. 0,798 m. — 2 pieds 5 pouc. 6 lig.

CE vase, de la plus belle conservation, remarquable par l'abondance et la richesse des scupltures, est orné de masques de Silènes et de Faunes dont on admire la beauté du travail.

L'autel qui le supporte est triangulaire, c'est-à-dire en forme de trépied : ce qui m'autorise à croire qu'il avait été consacré à Apollon comme l'indiquent les bas-reliefs qui en décorent les trois faces, divisées par autant de pilastres ornés d'arabesques d'un excellent goût. Une des faces fait voir un prêtre du collége des *quindecemvirs*, ainsi nommés parce qu'ils étaient *quinze*, exclusivement attachés au culte d'Apollon, faisant des offrandes à ce dieu sur un petit autel entre deux lauriers. Sur une autre face, on voit le trépied du dieu du jour fermé de son couvercle appelé *cortina*; il est orné d'une couronne d'épis de bled et surmonté du corbeau d'Apollon, l'image de la constellation de ce

20.

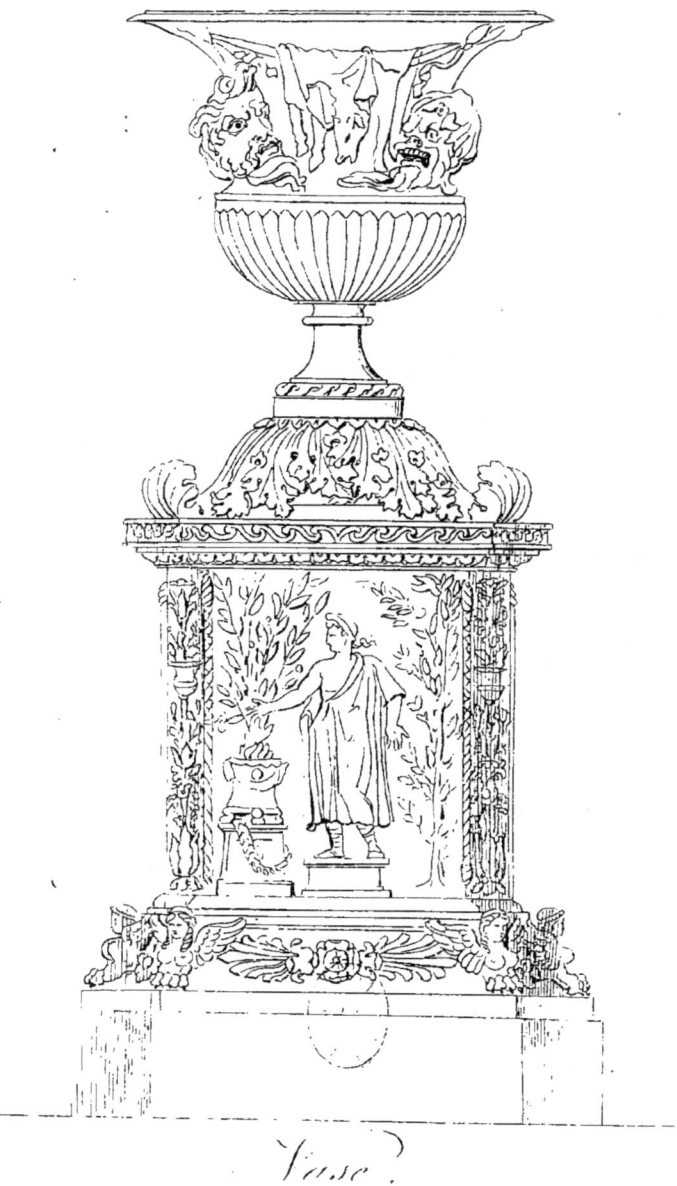

Vase.

nom, qui en effet paraît sortir des feux solaires après le solstice d'été, et qui indique par sa présence la maturité des grains. Cet oiseau mystérieux devient donc un symbole de la moisson, exprimée aussi par la couronne d'épis de bled qui décore le vase.

21 (Musée, sans numéro).

ARCADE

Par laquelle on entre dans la salle des EMPEREURS.

CETTE planche représente la vue perspective de la salle des empereurs; on y voit les objets tels qu'ils sont placés, avec quatre colonnes ioniques de granit rose oriental, qui sont aux deux côtés de l'arcade.

Sur la voûte de cette arcade est un médaillon en bas-relief sculpté par M. *Chaudet*, et représentant le groupe des trois arts du dessin, sous la figure allégorique de trois femmes.

Ce médaillon n'a pu être dessiné dans la vue de cette arcade, pour laisser le développement nécessaire à la salle des empereurs romains.

La peinture du plafond de la salle des empereurs, exécutée par M. *Meynier*, représente la terre recevant des empereurs Hadrien et Justinien le code des lois romaines, dictées par la Nature, la Justice et la Sagesse.

Les deux grisailles, imitant le bronze, sont du même auteur; elles représentent Trajan faisant bâtir des aqueducs; et la voie Appienne rétablie, qui prit le nom de *via Trajana*.

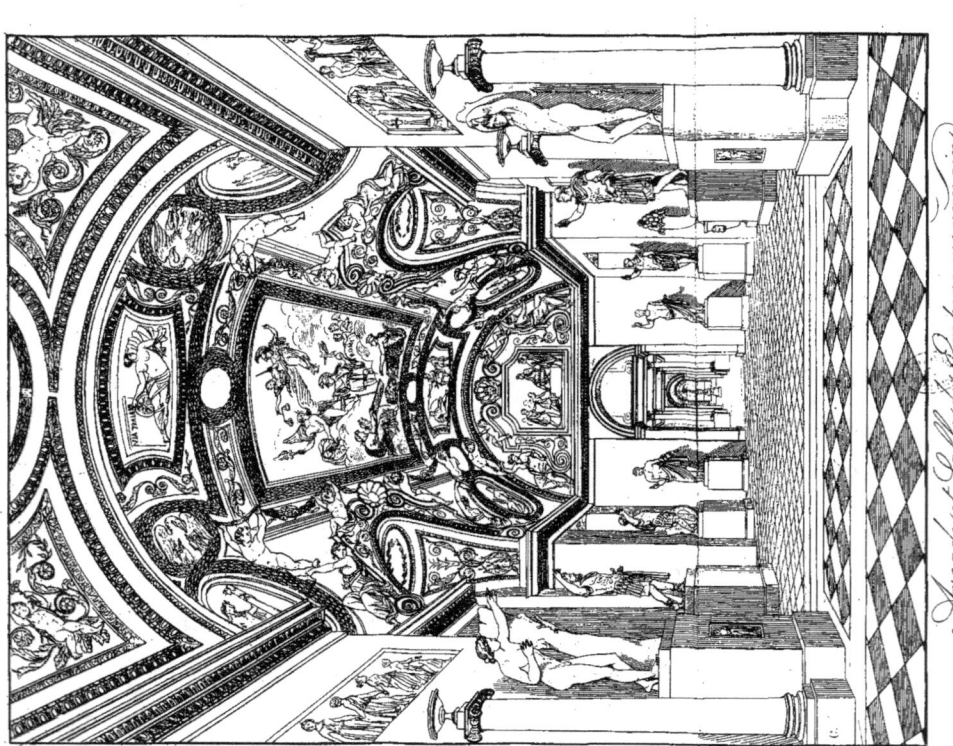

Arcade et Salle des Empereurs romains.

Le bas-relief représentant Marc-Aurèle qui donne la paix aux Marcomans est de M. *Roland*.

Quatre des principaux fleuves de l'empire romain ont été exécutés par les artistes dont les noms suivent : l'Éridan, par M. *Gois* fils; le Tibre, par M. *Blaise;* le Nil, par M. *Bridan* fils; et le Rhin, par M. *Lesueur*.

22 (Musée, n° XIX).

APOLLON ou SAUROCTONE,

BERGER CHEZ ADMÈTE,

Désigné par le nom d'APOLLON SAUROCTONE, c'est-à-dire le *tueur de lézards.*

STATUE.

Marbre de Paros.

Haut. 1,493 m. — 4 pieds 7 pouc. 2 lig.

Les poètes de l'antiquité ont supposé qu'Apollon, banni du ciel par son père, était descendu sur la terre, où il vécut modestement dans les plaines de la Thessalie, en qualité de berger; ce qui le fit honorer dans la suite comme dieu des pasteurs. C'est là, disaient-ils, que Diane a souvent rougi de rencontrer son frère comme simple pasteur, portant dans ses bras une génisse par les champs.

Ainsi la statue que nous avons sous les yeux, et connue sous le nom d'APOLLON SAUROCTONE, ou le *tueur de lézards*, serait l'image d'Apollon, berger chez le roi Admète, et cette opinion est confirmée par Winckelmann; il le qualifie de ΣΑΥΡΟΚΤΟΝΟΣ, et nous apprend que l'on voyait

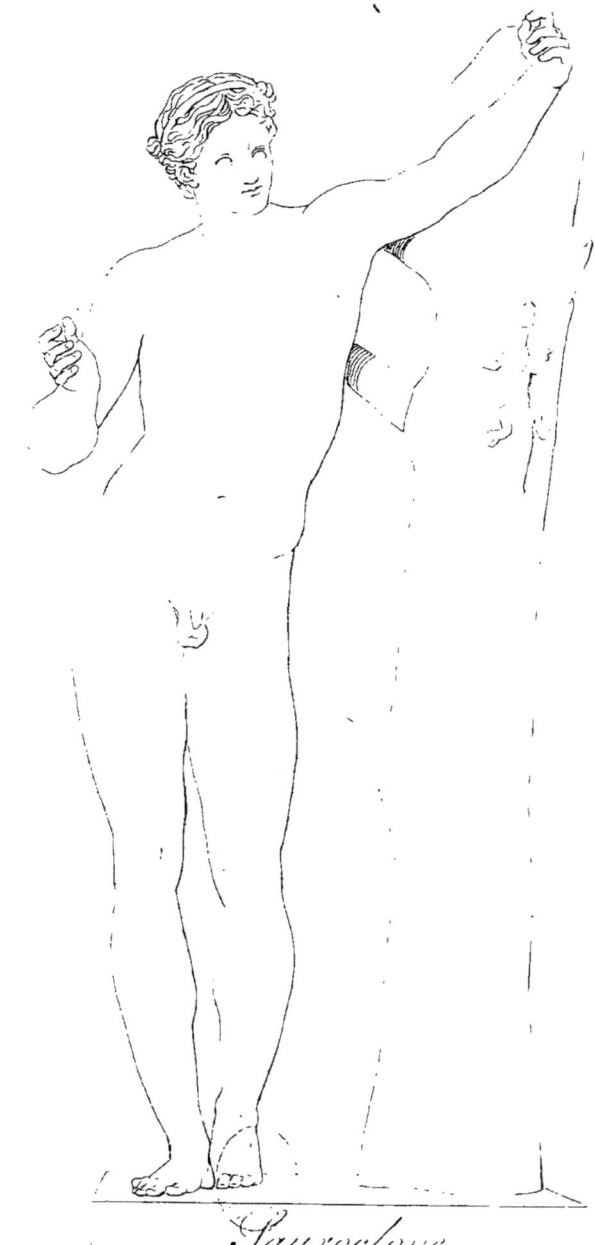

cette statue deux fois en marbre dans la *villa Borghese*, et une fois en bronze dans la *villa Albani*. Praxitèle, suivant Pline (l. xxxiv, c. 19, § 10), avait exécuté en bronze un Apollon jeune, lançant de près une flèche contre un lézard rampant, et on croit que ce bronze célèbre est celui de la *villa Albani*. A la vérité, il y a ici un lézard grimpant sur le tronc d'arbre sur lequel le berger s'appuie, mais je ne lui vois ni arc ni flèche, et il ne paraît pas dans l'action de lancer un trait, je ne puis donc pas le qualifier de *tueur de lézards*. Je le vois, au contraire, tranquille, adossé à l'arbre sur lequel il étend son bras gauche, comme pour engager le petit animal à y monter, tandis qu'il ouvre la main droite, comme on ferait pour prendre une mouche, et il guette le moment favorable pour le saisir. La jambe gauche, entièrement levée sur les extrémités des doigts du pied, exprime l'impatience d'un jeune adolescent qui éprouve une sorte de sensation à ravir un animal à sa liberté.

Voilà ce que représente cette statue, l'une de celles de la villa Borghese dont j'ai parlé plus haut, et la fable nous apprend que dans sa plus tendre jeunesse Apollon fut banni du ciel pour avoir tué le cyclope Stérope, qu'il passa à la condition pastorale, et prit du service auprès d'Admète, roi de Thessalie. Je dis que cette statue est Apollon parce qu'elle a les formes douces et coulantes des deux sexes, formes qui distinguent essentiellement ce dieu. Les traits de son visage sont ceux d'une femme, et son regard doux est celui de la beauté parfaite. Elle serait donc une répétition en marbre du bel Apollon de Praxitèle, copie qui pourrait bien avoir été faite à Pergame, où les Grecs avaient établi des ateliers de contrefaçons des plus beaux ouvrages de l'antiquité.

Quant au lézard courant sur le tronc d'arbre, recherchant le soleil, considéré comme l'ami de l'homme, et qui tous les ans se revêt d'une peau nouvelle au printemps, il pourrait bien être un symbole du dieu du jour, qui lui-même semble renaître et prendre une nouvelle parure, du moment où il franchit les signes supérieurs, et fixe la belle époque de l'année désignée par le nom de *printemps*.

Nous allons faire connaître les attributions du dieu du jour, des arts et de la médecine, parce qu'elles se rattachent à plusieurs divinités dont nous avons à parler dans cet ouvrage.

§ Ier. Je suis loin de croire, comme un célèbre orateur romain, à l'existence d'un personnage sous le nom d'Apollon. Le soleil, suivant Marobe prend le nom d'Apollon dans la partie supérieure des cieux, c'est-à-dire lorsqu'il parcourt les signes supérieurs du zodiaque.

Ainsi qu'Apollon ou le soleil forme les jours et les nuits, de même ce dieu divise l'année en plusieurs saisons, comme il règle, par un mouvement qui lui est particulier, les époques des grandes périodes ou des grandes années. Au printemps, vainqueur des ténèbres dans lesquelles il était comme emprisonné, ce dieu, couronné de roses, dirige légèrement ses chevaux ; il monte à petits pas vers la partie la plus élevée du ciel, et arrive ainsi dans le signe équinoxial. Il est alors Apollon jeune, adolescent ; le dieu imberbe, aux cheveux d'or, aux formes douces et coulantes et à la couleur rosée ; il est la beauté par excellence, tel que les Grecs l'ont représenté dans la statue connue sous le nom d'*Apollon du Belvédère*.

Puisque suivant Athille-Tatius, Porphyre, Plutarque et tous les auteurs de l'antiquité, Apollon est le soleil, ou l'intelligence divine qui fait mouvoir cet astre, l'un serait donc le corps et l'autre l'âme. Nous voyons donc l'Apollon du Belvédère l'image parfaite du soleil, source abondante de la lumière qu'il verse sur la terre lorsqu'il se montre tous les matins au lever de l'aurore. Son attitude est noble, impérieuse et fière ; il dédaigne son ennemi et le considère comme indigne de ses coups. D'après cela on peut supposer que l'Apollon du Belvédère, dont la main gauche est dénuée aujourd'hui d'attributs, était porteur d'un arc, mais sans flèche. La puissance de ce dieu est en lui-même, il n'a besoin que de se montrer pour vaincre son ennemi. D'après les idées que l'on a pu se faire d'Apollon jeune et rayonnant de gloire, on admire le talent du statuaire qui a eu l'art d'allier dans l'ensemble de son ouvrage les formes douces et coulantes de la jeunesse aux traits héroïques et à la majesté qui convient à la divinité. C'est cette perfection de l'art grec qui caractérise particulièrement la statue d'Apollon berger d'Admète, dont on voit ici la gravure ; on admire la beauté des jambes et la perfection des genoux.

L'ingénieux Tibulle, dans ses élégies, donne à Apollon les grâces et le teint d'une jeune fille. Cicéron a dit que l'on remarque dans Apollon deux sortes de beautés : la *dignité* et la *vénusté*. «A la vue de ce prodige, dit Winckelmann en parlant de l'Apollon du Belvédère, j'oublie l'univers entier, je prends moi-même une attitude plus noble pour le contempler avec dignité. De l'admiration je tombe dans l'extase. Saisi de respect, je sens ma poitrine qui se dilate et s'élève; telle s'enfle la poitrine de ceux que remplit l'esprit prophétique.

APOLLON ou SAUROCTONE.

Je suis transporté à Délos, dans les bois sacrés de la Lycie, lieux divins qu'Apollon sanctifiait par sa présence ; car la beauté que je contemple paraît s'animer comme la nymphe formée par le ciseau de Pygmalion. » Je vais essayer quelques observations sur cette statue pour réfuter une opinion que l'on a mise en avant et qui ne me paraît nullement fondée.

§ II. — On a écrit, lit-on dans l'Encyclopédie, que la statue de l'Apollon du Belvédère était de marbre de Carrare, ainsi que les plus belles statues de Rome. De là, on concluait que ces chefs-d'œuvre n'étaient que des copies, belles à la vérité, de pareilles statues grecques ; parce que les Grecs n'ont point connu les marbres de Carrare. Ce raisonnement, qui dépouillait Rome d'originaux pour ne lui laisser que des copies, a été détruit par M. Visconti, éditeur du muséum *Pio Clémentin*. Il a publié un certificat très-authentique de deux anciens inspecteurs des carrières de Carrare, qui, après avoir examiné attentivement le grain du marbre dont est fait l'*Apollon du Belvédère*, et surtout dans les endroits rompus ou éclatés, ont assuré qu'ils y reconnaissaient distinctement le marbre grec sans y pouvoir trouver aucune ressemblance avec celui de Carrare. Voilà donc le caractère précieux d'originalité rendu à cette belle statue, qui fut trouvée dans les fouilles de l'ancienne Antium, lieu célèbre par les prodigieuses dépenses qu'y fit Néron, à cause qu'elle l'avait vu naître. « Je partage l'opinion de M. Visconti, et si je voulais combattre la proposition contraire, je demanderais à ces écrivains quelle serait l'époque qu'ils assigneraient à la copie, si en effet la belle statue d'Apollon, que l'on considère comme un des chefs-d'œuvre de l'antiquité, n'est véritablement qu'une imitation qui aurait été faite en marbre de Carrare, marbre inconnu dans la Grèce, d'après une beaucoup plus ancienne? Viendrait-elle de Pergame, où les Grecs avaient, comme le dit Winckelmann, une manufacture de copies des plus belles statues de l'antiquité? Je demanderais aux naturalistes comment ils prouveraient qu'il n'y a point eu dans la Grèce des carrières de marbre blanc de la nature de celles que l'on exploite à Carrare, quand on trouve des fragmens de marbres antiques, colorés à la vérité, de la pâte de celui de Carrare?

En général les marbres que les sculpteurs grecs employaient n'étaient point veinés, et ceux qu'ils préféraient se tiraient de l'île de Paros et du mont Pentélicien, dans l'Attique. Le marbre de Paros est remarquable par sa blancheur laiteuse et par une transparence dont le reflet se rapproche du coloris de la chair; il est dur et reçoit par sa solidité toutes les finesses de l'art; au travail il s'en dégage une odeur de soufre qui le fait aisément reconnaître.

Le marbre Pentélicien est d'un blanc plus gris, et d'un grain plus gros, et par conséquent moins facile à sculpter. Aussi les scupltures faites de ce marbre offrent-elles moins de délicatesse dans l'exécution. Tous deux sont formés de petits cristaux rhomboïdaux spathiques, qui, unis, semblent être des grains d'un sel blanchâtre, et, en raison de leur cristallisation, ont une belle transparence. On tirait aussi des environs de Lesbos des marbres qui ressemblaient beaucoup à celui de Paros, sans en avoir toute la perfection. Le marbre de Carrare est d'un blanc de porcelaine qui n'est point celui de la statue de l'Apollon du Belvédère; sa pâte a quelques rapports avec celle du marbre de Paros, sans cependant en avoir la couleur rosée et l'extrême finesse; ainsi l'Apollon du Belvédère pourrait bien avoir été sculpté avec du marbre de Lesbos. Cette distinction des marbres devenait en quelque sorte nécessaire dans le commencement de cet ouvrage, puisqu'elle peut servir à faire reconnaître les monumens de l'antiquité. Je reviens à mon premier sujet.

§ III. — Le soleil prend le nom d'Apollon dans

la partie supérieure des cieux, c'est-à-dire lorsqu'il parcourt les signes ascendans, comme il prend celui de Bacchus ou d'Esculape lorsqu'il habite les signes descendans. Suivant Macrobe, *il est Apollon dans la partie affranchie de tous les chocs tumultueux de la matière, et dans laquelle règne une constante et éternelle harmonie. En un mot, Apollon est la lumière pure et vierge que répand le soleil et qui brille dans les cieux.*

Apollon est l'image de l'été. Après avoir franchi les premières barrières de l'année, ce beau jeune homme à chevelure blonde, au duvet léger de la jeunesse, change de parure et de contenance ; ses formes douces et coulantes deviennent mâles et vigoureuses ; son teint frais et rosé s'est bruni pendant son voyage, une longue barbe cache son menton, et le disque argenté qui ornait son joli visage est devenu large, brûlant et couleur de feu ; c'est encore Apollon, mais Apollon homme, dans l'âge viril, tel qu'on nous peint Hercule vainqueur du lion de Némée.

Apollon est l'image de l'automne. En automne Apollon se montre à nos yeux triomphant et jouissant de ses travaux ; assis nonchalamment sur son char, au milieu des fruits et des productions de la nature, il tient la bride de ses coursiers et descend lentement la voûte du ciel. C'est alors que ce dieu commence à vieillir, et qu'aux approches de l'automne, lorsque le serpent accompagne le soleil dans le ciel, on lui donne indistinctement les noms d'Esculape, d'Esmunus ou de Bacchus. *Sous les traits et le nom de Bacchus*, dit encore Macrobe, *le soleil n'agit que dans le monde sublunaire, par la chaleur active et féconde, parce que la matière sublunaire, ténébreuse et passive de la nature est la seule qui soit susceptible de dégénération et de destruction.*

Suivant Lucien, dans l'ancienne Syrie, à Hiérapolis, on voyait une statue d'Apollon, qui n'est point, comme l'Apollon grec, nu et sans barbe, mais vêtu et barbu. Cette statue était l'image du soleil d'automne privé de sa force génératrice, comme on représentait Esculape ou Esmunus, auquel on donnait aussi le nom d'Osiris. Cependant les Assyriens affectaient aux statues de leur dieu Apollon les formes mâles et vigoureuses de la virilité, et ils ne le représentaient jamais nu, ni sous les formes d'un adolescent, parce qu'ils considéraient l'état d'impuissance comme un état d'imperfection.

Après avoir visité toute la Grèce, Apollon se fixa au centre de cette contrée; il y bâtit un temple et un palais, auxquels il donna le nom de Delphes, qui veut effectivement dire *centre*. Cette fable ingénieuse peint très-bien en style figuré la station du soleil au solstice d'été, lorsqu'il commençait sa course au printemps, sous le signe d'*Aries*, pour passer ensuite aux signes inférieurs du zodiaque et arriver au centre de la terre, l'image du solstice d'hiver, où cet astre sera également stationnaire avant de remonter dans les cieux pour reprendre une nouvelle vie et suivre une autre carrière. Le soleil déifié est donc éternel, et toujours jouissant des avantages de la beauté et des grâces de la jeunesse ?

§ IV. — Apollon est hermaphrodite ; il est aussi considéré comme chef des Muses.

Les formes d'un dieu tout puissant, descendu de la région céleste pour habiter parmi les hommes, ne perdent point de leur divinité. Apollon mâle et femelle est représenté quelquefois sous les deux natures, ainsi que Bacchus, comme on aura occasion de le voir plus d'une fois par l'examen des statues qui font l'ornement du Musée que je décris.

Les poètes de l'antiquité accordaient à leurs dieux de première classe les formes des deux sexes, parce qu'ils les présentaient au peuple comme un symbole de l'union des deux principes qui existent dans tous les corps, et qu'ils supposaient qu'ils avaient en eux le pouvoir d'imprimer volontairement le mouvement et la vie.

APOLLON ou SAUROCTONE.

Les neuf Muses, sœurs d'Apollon, nées comme lui de Jupiter, sont l'image des sphères célestes auxquelles préside le soleil, sous le nom de *Musagète*. Ce dieu est le chef, l'instituteur et le directeur des Muses; il est représenté sous des formes efféminées et habillé en femme, tenant une lyre à la main et marchant à leur tête. Apollon était aussi regardé comme le chef des poètes; *Je vais chanter*, dit Apollonius, *Apollon, chef des Muses et divinité tutélaire des poètes* (1).

---

(1) *Voyez*, sous le numéro 247, un bas-relief en marbre de Paros, du premier style grec, désigné sous le nom de *bas-relief choragique* : il représente Hébé versant le nectar au dieu Apollon Musagète, comme je le démontrerai plus tard. *Voyez* également les autres statues d'Apollon qui sont dans le Musée, et désignées dans le livret sous les numéros 188, 197, 406 et 454.

23 (Musée, sans numéro).

BAS-RELIEF.

Haut. 0,433 m. — 1 pied 4 p. — Larg. 0,278 m. — 10 p. 4 lig.

— Dans le piédestal de la belle statue d'Apollon berger chez Admète, n° 22, on voit un fragment antique très-fruste, en marbre de Pentélie, représentant une Bacchante debout, dont les draperies sont agitées par le vent : elle marche en cadence et joue des cymbales, instrument qui était en usage dans les Bacchanales. Cette figure, d'un travail médiocre, est agréable; elle a du mouvement et de la grâce; les draperies sont jetées avec goût, et on remarque de l'esprit dans la conception du sujet.

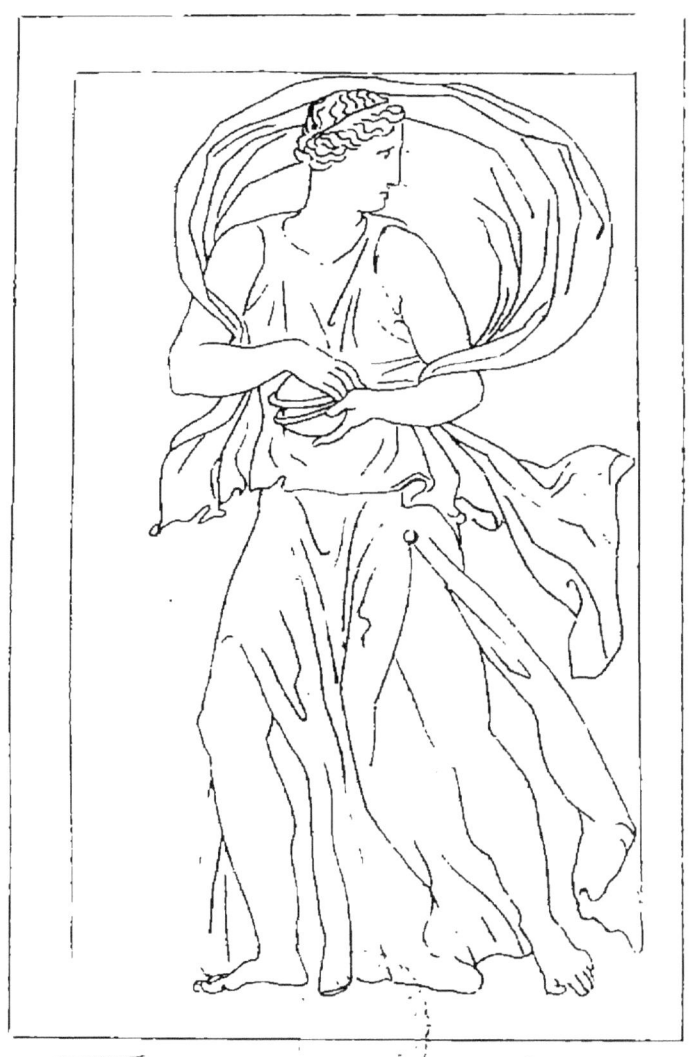

Femme jouant des Cimbales.

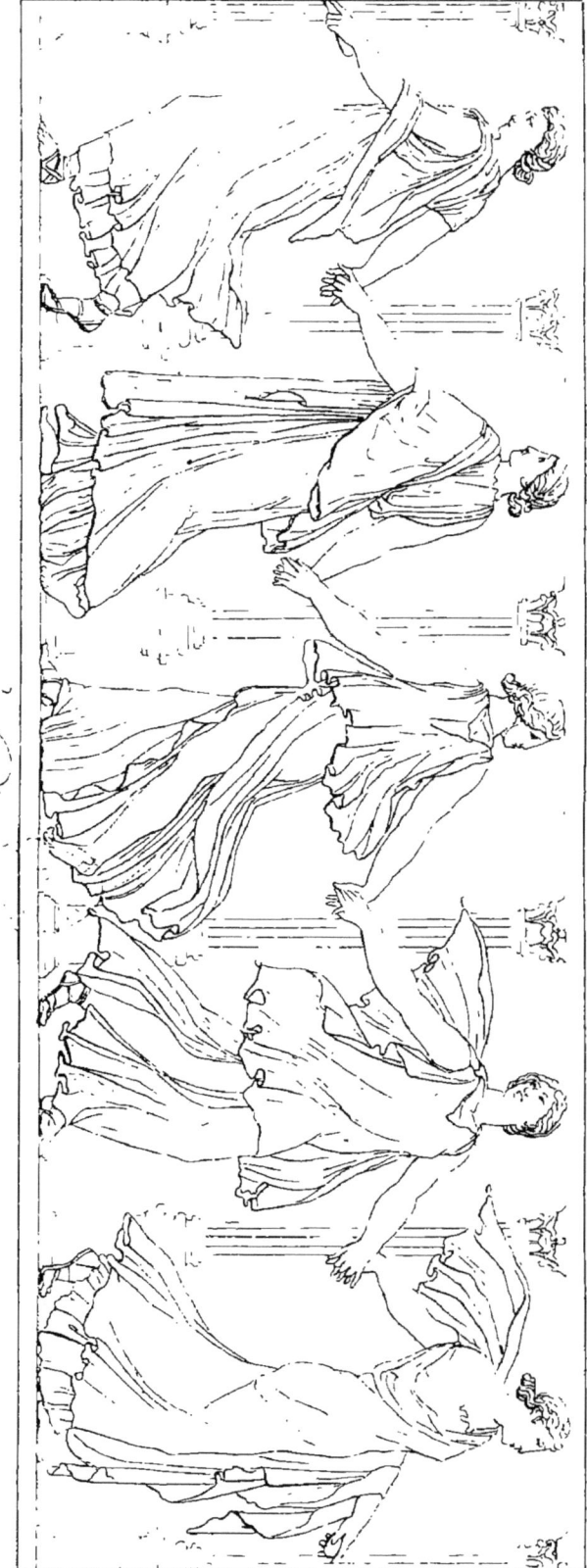

'24 (Musée, n° XX).

BAS-RELIEF.

Marbre de Pentélic:

Désigné par ce titre :

LES DANSEUSES.

Haut 0,719 m. — 2 pieds 7 1 —larg. 876. m.—5 p. 9 p. 4 lignes.

Ce bas-relief, d'un grand style et d'une belle exécution, tiré de la *villa Borghese*, paraît être une frise qui aurait décoré un temple ou un autel. On y voit cinq femmes en cadence, dans des atitudes variées, légèrement vêtues et se tenant par la main comme pour former une ronde. Sont-ce des Nymphes, ou les Heures qui dansent devant le char du soleil? Comme ces personnages sont dénués d'attributs, il vaut mieux garder le silence que de consacrer une erreur. On remarquera surtout la souplesse des mouvemens, la légèreté des draperies et la beauté des formes qui constituent l'ensemble de chaque figure.

Le vêtement de ces femmes grecques n'a rien de particulier, il est tellement semblable à celui qui figure si souvent sur les vases peints, qu'on ne saurait le décrire sans répéter ce qui est dans tous les livres qui traitent des monumens de l'antiquité.

J'ai vu une répétition en bronze de ce beau bas-relief, dont la fonte et la ciselure étaient attribuées à *Benvenuto Cellini*, artiste florentin, appelé en France par François Ier. Ce chef-d'œuvre décorait le château de Saint-Germain en Laye, que ce roi, protecteur des lettres et des arts, avait fait bâtir. (Il avait été acheté, à l'époque de la révolution, par feu mon ami Van Hoorn, riche Hollandais, amateur distingué des arts.)

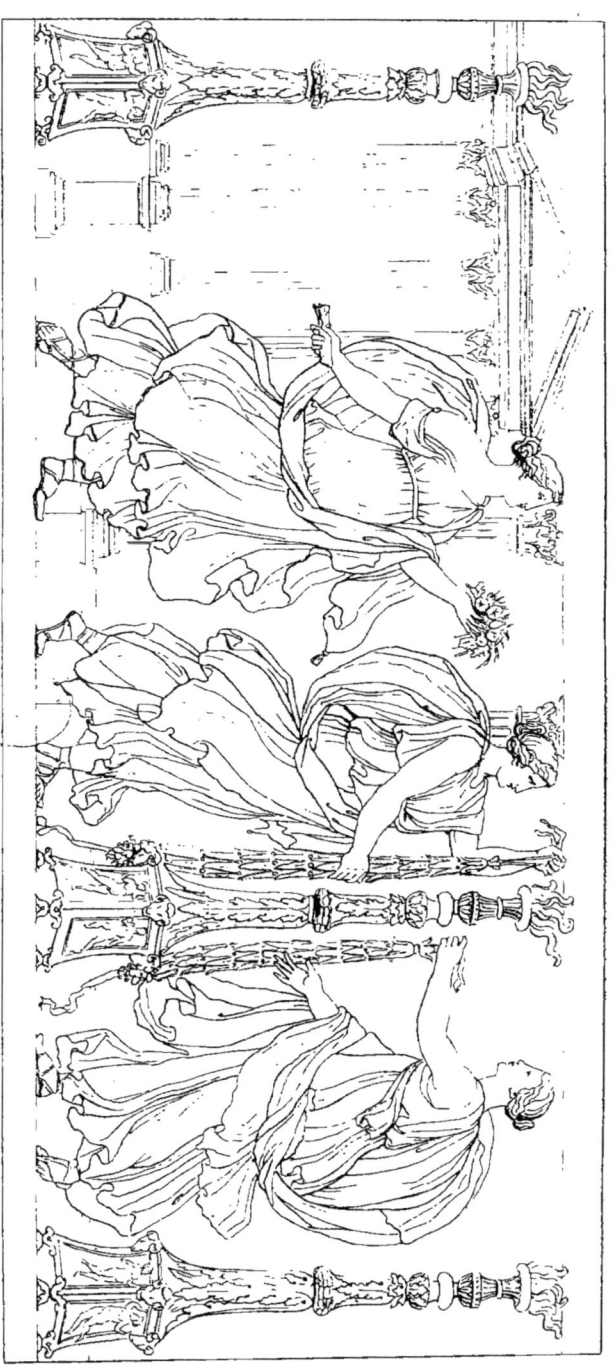

25 (Musée, n° XXI).

OFFRANDE.

BAS-RELIEF.

Marbre de Pentélie.

Haut. 0,694 m. — 2 p. 0 p. 10 lig. — Larg. 1,868 m. 5 pieds 9 p.

Ce beau bas-relief de la collection *Borghese*, gravé dans l'*admiranda*, représente deux Nymphes dans l'attitude d'orner de guirlandes un autel dont la forme élevée est celle d'un candélabre qui brûle. Une troisième Nymphe paraît à la suite des deux autres, tenant à la main un groupe de fleurs printanières. Ces guirlandes, formées des feuilles, des fleurs et des fruits du laurier, font présumer que l'offrande qui se fait ici est en l'honneur du dieu Apollon, dont le temple forme le fond du bas-relief; le portique, qui est orné de colonnes de l'ordre corynthien, se dessine dans le coin de la droite du bas-relief. A chaque extrémité, on voit un autel allumé parfaitement semblable à celui sur lequel on sacrifie.

Ces trois femmes, d'un dessin svelte et élégant, sont présentées avec grâce ; elles sont vêtues de la tunique longue sans manche, qui laisse les bras nus, et du *peplum*, autre vêtement plus court également sans manches. La tunique était ordinairement de lin si fin, que les formes se montraient dessous aussi belles que si elles n'étaient pas couvertes, comme on le voit ici. Le *peplum*, que les femmes grecques passaient par-dessus la tunique, était indistinctement blanc ou de toute autre couleur.

La sculpture de ce bas-relief est fine et soignée; on admire surtout la légèreté des draperies, qui paraissent agitées par le vent. Je ne dis rien des têtes, attendu qu'elles ont été refaites.

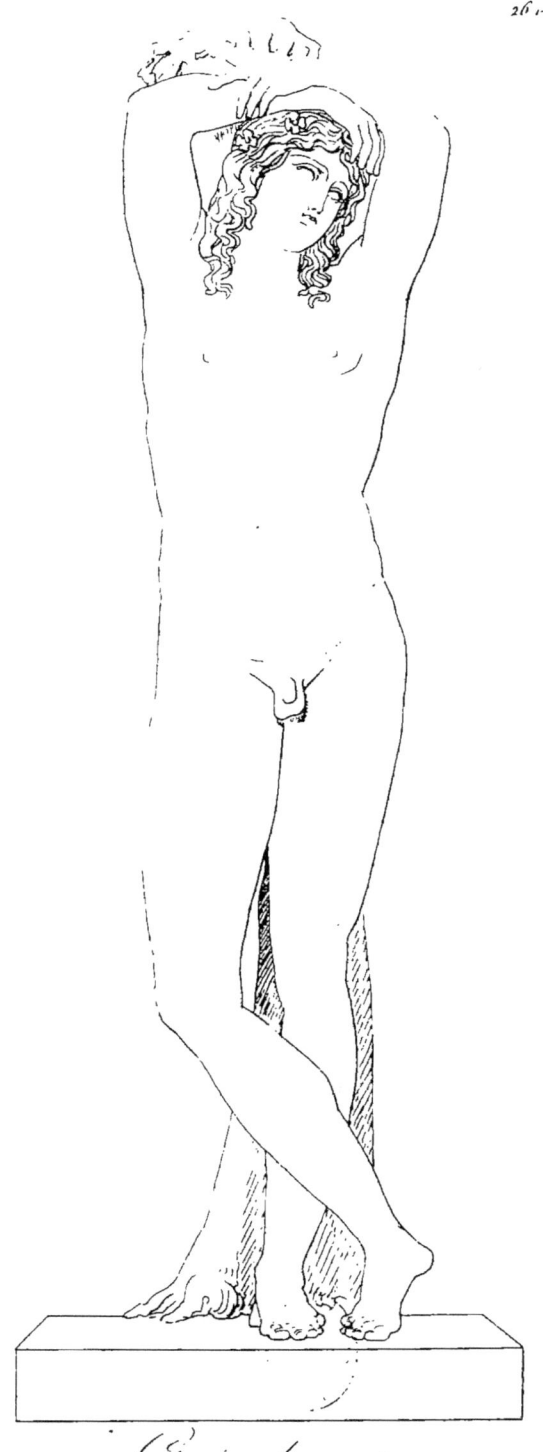

Génie du repos.

26 (Musée, n°. XXII).

ENDYMION,

Désigné dans le livret sous le titre de REPOS ÉTERNEL.

STATUE DE GRANDEUR NATURELLE.

Marbre de Paros.

Haut. 1,760 m. — 5 pieds 5 p.

ON entend par *repos éternel*, la *mort*. Examinons la statue dont il s'agit, et cherchons à fixer nos idées sur ce qu'elle représente. Nous voyons un jeune homme à la fleur de son âge, dans un état de langueur, nonchalamment appuyé sur un chêne et déployant avec grâce les formes coulantes de son beau corps. Ses jambes sont croisées, et ses bras placés sur sa tête avec une sorte de mollesse annoncent le repos : l'amour est dans son cœur. Sa tête négligemment penchée, ses yeux languissans quoique ouverts, et sa bouche à demi fermée, indiquent assez le mal qu'il ressent. De beaux cheveux balancés avec goût entourent son joli visage, et la couronne de fleurs printanières qui relève l'éclat de son teint et qui se marie à la couleur d'or de sa chevelure, rivalisent ceux que les poètes de l'antiquité donnent au dieu du jour (1). Voilà ce que fait voir cette statue, dont la pureté du dessin est parfaite, et dont les contours et l'exécution sont admirables. Elle est sans attributs.

Je ne verrai point dans ce chef-d'œuvre le *repos éternel*, comme on l'a écrit, parce que le sujet représenté a les yeux ouverts, et que ce n'est pas ainsi que les anciens figuraient la mort. Ils étaient tellement délicats dans la manière de s'exprimer sur le dernier terme de la vie qu'ils évitaient de se servir du mot propre, qu'il avaient remplacé par ceux de *sommeil, nuit, repos*. A Trézènes, on appelait le Sommeil *l'ami des Muses*, et ce dieu avait là un autel où il était adoré avec ces déesses. En Italie le Sommeil fut nommé *Supnus*, ensuite *Sopnus*, et enfin *Somnus*; suivant Homère il était frère jumeau de la Mort. Phabétor, fils du Sommeil, était le dieu des songes effrayans, comme son frère Icélos était celui des rêves agréables.

La mort est la cessation de la vie : quand elle n'est ni violente ni forcée, elle s'opère lentement par la destruction insensible de nos facultés physiques et morales; c'est un doux sommeil par lequel on rentre dans le néant, d'où on a été tiré.

---

(1) Je parle ainsi pour me conformer aux idées de Tibulle.

De même qu'on arrive au monde ou qu'on naît sans effort et sans sensibilité, de même on meurt et on passe dans l'éternité sans douleur et sans souvenir du passé. Orphée avait surnommé le Sommeil le *frère du Léthé*, parce que, comme les eaux de ce fleuve, il faisait tout oublier.

Les hommes craignent la mort comme les enfans craignent les ténèbres, a dit Bacon; aussi les anciens ne l'ont-ils jamais personnifiée; car s'il était permis de représenter la mort par un squelette, comme le font encore les artistes modernes, pourquoi ne représentait-on pas la vie par une personne vivante. Un Amour renversant son flambeau allumé; une rose sur un tombeau avec le mot *somno*, qui se traduit par *sommeil éternel* : c'étaient là les symboles par lesquels les anciens aimaient à désigner la mort. Il est certain qu'une rose, dont l'éclat et l'existence ne dure qu'un jour, est bien propre à exprimer la brièveté de la vie; de là l'usage de jeter des roses sur les tombeaux, devoir pieux et sacré dont les parens des défunts s'acquittaient scrupuleusement tous les ans. D'après cela, nous ne pensons pas que l'on puisse regarder la statue dont il est question ici comme une image du *repos éternel*. Voyons maintenant si on n'aurait pas voulu figurer le célèbre berger de Carie. Ecoutons la fable, elle pourra servir à justifier notre opinion sur le sujet que présente cette belle statue.

Endymion est fils de Jupiter selon les uns, ou d'Ethlius et de la nymphe Calyce selon Apollodore. On en a fait un roi, un chasseur; Pausanias en fait un berger, et c'est l'opinion la plus universellement reçue. Il était d'une si grande beauté que la Lune en devint amoureuse. Jupiter lui accorda la liberté de lui demander une grâce; il demanda l'immortalité, une jeunesse éternelle et un sommeil non interrompu. On dit que Diane, tendrement émue à l'aspect du beau corps d'Endymion, qu'elle rencontra un jour dormant à l'ombre d'un buisson formé de myrthes et de rosiers, posa doucement sur sa bouche vermeille un rayon de son disque argenté. Diane, vaincue par l'amour, céda plus d'une fois à la puissance du fils de Vénus. *Diane est une vierge très-chaste qui n'a point connu d'hommes et qui cependant conçoit et enfante*, et on ajoute qu'elle eut cinquante filles d'Endymion, qui ne dormait pas toujours. Un poète grec dit que le berger de Carie était amoureux de Diane, et que pour avoir toujours le plaisir de voir ses beaux yeux *il dormait les yeux ouverts*.

Comme on le voit, notre statue remplit toutes les conditions voulues par la fable. Son corps nous présente les traits de la beauté parfaite et d'une jeunesse éternelle, caractères distinctifs de l'immortalité. Enfin le sujet que nous voyons est appuyé sur un chêne, qui était consacré à Jupiter, dont il est issu ; il dort, mais pour mieux peindre son constant amour, on lui a ouvert les yeux, et la couronne de pervenche bleue dont son front est orné indique assez que Jupiter lui donna une place dans les cieux. Cette statue, dont la désignation est encore incertaine, pourrait donc se considérer comme la représentation de l'Endymion grec.

27 (Musée sans numéro).

PETIT FRAGMENT.

BAS-RELIEF.

Marbre de Pentélie.

Représentant Bacchus debout accompagné de la panthère et de ses attributs ordinaires.

Haut. 0,475 m. — 1 pied 5 pouc. 9 lig. — Larg. 0,351 m. — 1 pied 0 p. 11 lig.

Ce bas-relief, grossièrement exécuté, fait l'ornement du piédestal de la statue d'Endymion. La panthère, animal quadrupède très-féroce, diffère du tigre et du léopard par la forme et la couleur des taches dont son poil est paré. (Pour plus de renseignemens, voyez Buffon, *article panthère.*) La panthère était consacrée à Bacchus, parce qu'elle aime beaucoup les raisins, et parce que, dit-on, les nourrices de ce dieu furent changées en *panthères.* Cet animal est aussi un symbole de Pan. Je dirai plus tard pourquoi la panthère est la compagne fidèle de Bacchus.

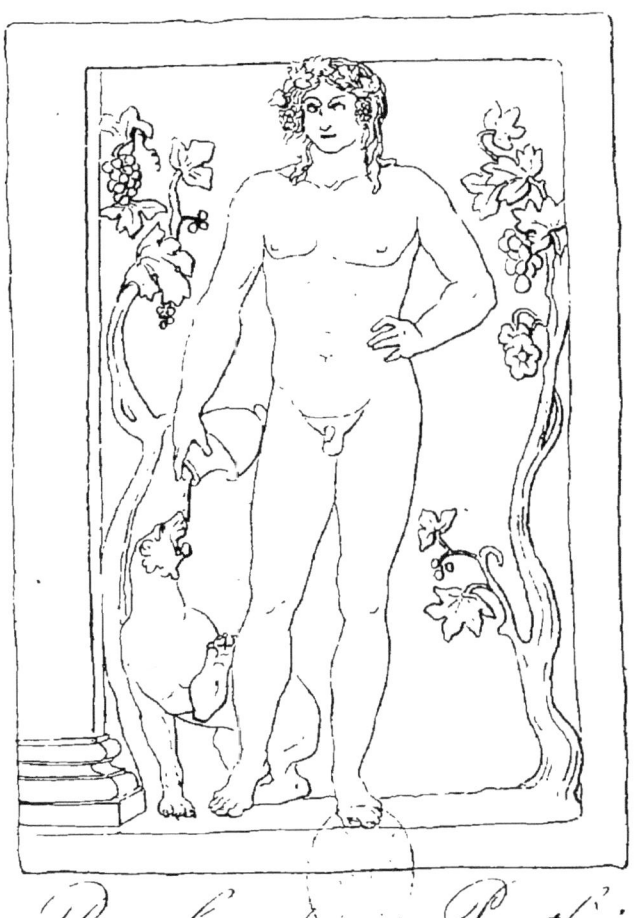

Bacchus et une Panthère.

28.

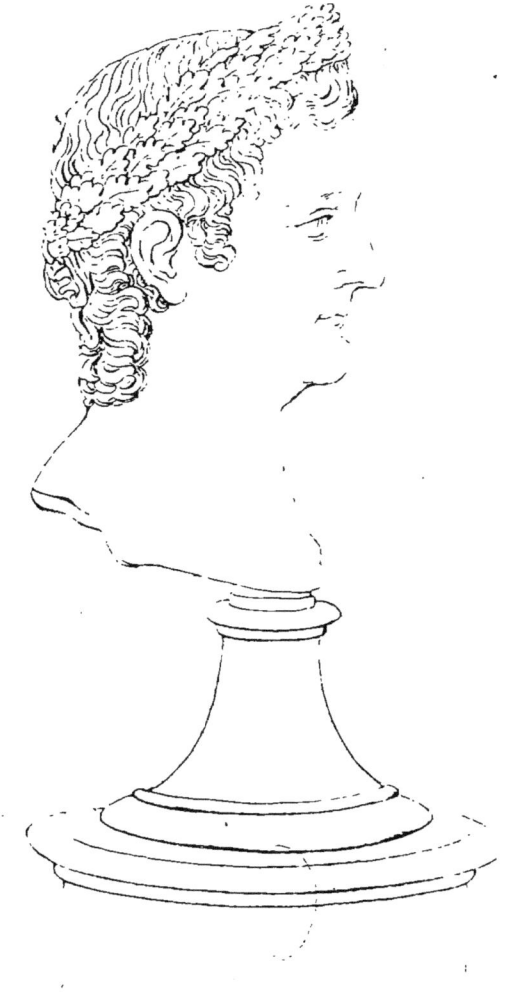

SALLE DES EMPEREURS ROMAINS.

La description du plafond de cette salle est à l'article de l'Arcade qui la précède. (*Voir* la planche 21, page. 70.)

28 (Musée, sans numéro).

TIBÈRE.

BUSTE EN BRONZE,

Placé sur une colonne de douze pieds, en albâtre antique rubanné, à gauche à l'entrée de la salle.

Tibère (*Claudius Tiberius Nero*), empereur romain, descendait en ligne directe d'Appius Claudius, censeur à Rome. Sa mère était la fameuse Livie qu'Auguste épousa lorsqu'elle était enceinte de Drusus. Tibère était déjà né l'an 42 avant J.-C. Il fut élevé dans l'étude des langues grecque et latine, qu'il cultiva toute sa vie avec soin. C'était dès lors un esprit sombre, mélancolique, dissimulé, aimant la solitude, toujours triste et pensif, ne parlant jamais qu'en peu de mots, et lentement, et souvent ne disant rien du tout, même à ceux qui étaient attachés à son service. Suétone l'accuse de n'avoir eu ni douceur ni complaisance, pas même pour sa mère. Ce fut cependant par les intrigues de cette femme artificieuse qu'Auguste l'adopta. Ce prince crut se l'attacher en l'obligeant de répudier Vipsania, pour épouser Julie, sa fille, veuve d'Agrippa : mais ce lien fut très-faible. Tibère avait des talens pour la guerre. Auguste se servit de lui avec avantage. Il l'envoya dans la Pannonie, dans la Dalmatie et dans la Germanie, qui menaçaient de se révolter. Tibère conduisit ces deux guerres avec autant d'habileté que de prudence. Il épargna autant qu'il put le sang du soldat, se refusant à des victoires certaines quand elles devaient lui coûter trop de monde. Il tâcha d'abord de réduire les Dalmates et les Pannoniens, qui menaçaient de faire une invasion en Italie après avoir ravagé la Macédoine. La guerre qu'il leur fit dura quatre ans; Tibère, en leur coupant les vivres, les força de se retirer dans les montagnes et de se soumettre. Baton, chef des Dalmates, étant venu trouver son vainqueur sur la promesse que ses jours seraient en sûreté, Tibère lui demanda les motifs de la révolte de ses compatriotes et des Pannoniens. *Vous ne devez, Romains,* répondit-il, *en accuser que vous-mêmes. Que n'envoyez-vous pour garder vos troupeaux des bergers et non des loups?* Tibère à son retour, l'an 9 de J.-C., obtint les honneurs du triomphe. Il s'était déja signalé contre les Germains; il y fut envoyé de nouveau l'an 11, avec Germanicus; et dans le cours de trois campagnes ils rétablirent la réputation des armes romaines, que Varus, battu par Arminius, avait fort affaiblie. Après la mort d'Auguste, qui l'avait nommé son successeur à l'empire, Tibère prit en main les rênes de l'état; mais ce rusé politique n'accepta le souverain pouvoir qu'après s'être beaucoup fait solliciter. Ce fut le 19 août, l'an 14 de J.-C., qu'il commença de régner. En paraissant refuser la souveraineté, il l'exerçait hautement dans tout l'empire. Cette conduite, si contraire au langage qu'il avait tenu dans le sénat, indigna quelques sénateurs; et si nous en croyons Suétone, l'un d'eux lui dit : *La plupart tardent à exécuter ce qu'ils ont promis; mais pour vous, César, vous tardez à promettre ce que vous exécutez d'avance.* Cependant Tibère, à l'exemple d'Auguste, rejeta toujours le nom de *seigneur* ou de *maître*. Il disait souvent : *Je suis le maître de mes esclaves, le général de mes soldats, et le chef des autres citoyens.* Ce prince, dans le commencement de son règne, fit paraître un grand zèle pour la justice; et il y veillait par lui-même. Il se rendait souvent aux tribunaux assemblés ; et se mettant hors des rangs pour ne point ôter au préteur la place de président qui lui appartenait, il écoutait la plaidoirie. Tacite dit « que Tibère, en faisant ainsi respecter les droits de la justice, affaiblissait ceux de la liberté. » Son caractère vindicatif et cruel se développa dès qu'il eut la puissance en main. Auguste avait fait au peuple des legs, que Tibère ne se pressait pas d'acquitter. Un bouffon, voyant passer un convoi sur la place publique, s'approcha du mort, et lui dit : *Souvenez-vous, quand vous serez aux Champs-Elisées, de dire à Auguste que nous n'avons encore rien touché des legs qu'il nous a faits.* Tibère, informé de cette raillerie, fait délivrer au bouffon la portion de legs qui lui revenait; ensuite il l'envoie au supplice, en lui adressant ces paroles : *Va apprendre toi-même à Auguste qu'ils sont acquittés.* Il donna de nouvelles preuves de sa cruauté à l'égard d'Archelaüs, roi de Cappadoce. Ce prince ne lui avait rendu aucun devoir pendant l'espèce d'exil où il avait été à Rhodes, sous le règne d'Auguste. Tibère l'invita de venir à Rome, et employa les plus flatteuses promesses pour l'y attirer. A peine ce prince est-il arrivé qu'on lui intente deux frivoles accusations et qu'on le jette dans une obscure prison, où il mourut accablé de chagrin et de misère. Ces barbaries ne furent que le prélude de plus grandes cruautés. Il fit mourir Julie sa femme; Agrippa, Drusus Néron, ses parens, ses amis, ses favoris, furent les victimes de sa jalouse méfiance. Il eut honte à la fin de rester à Rome, où la vue de chaque famille lui reprochait la mort de son chef, où chaque ordre pleurait le meurtre de ses plus illustres membres. Il se retira dans l'île de Caprée, près de Naples, l'an 27, et s'y livra aux plus infâmes débauches. A l'exemple des rois barbares, il avait une troupe de jeunes garçons qu'il faisait servir à ses honteux plaisirs. Il inventa même des espèces nouvelles de luxure et des noms pour les exprimer; tandis que ses domestiques étaient chargés du soin de lui chercher de tous côtés des objets nouveaux, et d'enlever les enfans jusque dans les bras de leurs pères. Pendant le cours d'une vie infâme, il ne pensa ni aux armées, ni aux provinces, ni aux ravages que les ennemis pouvaient faire sur les frontières. Il laissa les Daces et les Sarmates s'emparer de la Moesie, et les Germains désoler les Gaules. Il se vit impunément insulter par Artaban, roi des Parthes, qui, après avoir fait des incursions dans l'Arménie, lui reprocha par des lettres injurieuses ses parricides, ses meurtres et sa lâche oisiveté, en l'exhortant à expier par une mort volontaire la haine de ses sujets. C'est au règne de Tibère que commencèrent le véritable despotisme des empereurs et la servitude du sénat. On assigne trois causes de cette importante révolution. « Dans le temps de la république, les richesses des particuliers étaient immenses, et les emplois qui les avoient procurées les entretenoient toujours, malgré les dépenses énormes où le luxe et l'ambition précipitoient les grands. Mais sous les empereurs la source des richesses fut tarie, parce que leurs procurateurs (intendans) ne laissèrent rien à prendre dans les provinces aux particuliers. Cependant les mêmes dépenses subsistant toujours, on ne put se soutenir que par la faveur de l'empereur et de ses ministres, auxquels on sacrifia tout. Pendant que le peuple nommait aux magistratures, il fallut quelques vertus, du moins extérieures, pour les obtenir. Mais lorsque le prince disposa de tous les emplois, son choix ne fut plus déterminé que par les intrigues de la cour. La complaisance, l'adulation, la bassesse, l'infamie, la ressemblance au souverain dans tous ses crimes, devinrent des moyens nécessaires à tous ceux qui voulurent lui plaire. Ainsi tous les motifs qui font agir les hommes détournèrent de la vertu, qui cessa d'avoir des partisans aussitôt qu'elle commença à être dangereuse. Il y avait une loi de lèse-majesté contre ceux qui commettaient quelque attentat contre le peuple romain. Tibère s'en rendit l'objet ; et, jouissant d'ailleurs, comme tribun du peuple (magistrature qu'il s'était appropriée), de tous les priviléges qui rendaient ce magistrat inviolable, il appliqua ces lois à tout ce qui put servir sa haine ou ses défiances. Actions, paroles, signes, les pensées mêmes tombèrent dans le cas du châtiment porté par la loi ; et le crime de lèse-majesté devint le crime de tous ceux à qui on ne pouvait en imputer. D'un autre côté, les délateurs furent chéris, honorés, récompensés ; et cet infâme métier étant la voie la plus sûre et même l'unique pour parvenir aux richesses et aux honneurs, les plus illustres sénateurs disputèrent entre eux de fausses confidences, de perfidies et de trahison. Il faut encore remarquer que depuis les empereurs il fut presque impossible d'écrire l'histoire. Tout devint secret entre les mains d'un seul, rien ne transpira dans le public, du cabinet des empereurs. On ne sut plus que ce que la folle hardiesse des tyrans ne voulait point cacher, ou ce que les historiens conjecturèrent. » (C'est ce que dit l'abbé Desfontaines dans son *Abrégé de l'histoire romaine*, d'après le président de Montesquieu.) Tibère, parvenu à la vingt-troisième année de son règne, et se sentant affaibli par complimens de condoléance sur la mort de Drusus son fils. Comme ils avaient tardé à venir : — Je prends aussi beaucoup de part, leur dit Tibère, à la douleur que vous a causée la perte d'Hector.... Le luxe s'était beaucoup accrû à Rome du temps de Tibère, et les édiles avaient proposé dans le sénat le rétablissement des lois somptuaires. Le prince, qui voyait bien que le luxe est quelquefois un mal nécessaire, s'y opposa. «L'Etat ne pourrait subsister, disait-il, dans la situation où sont les choses. Comment Rome pourrait-elle vivre? Comment pourraient vivre les provinces? Nous avions de la frugalité lorsque nous étions citoyens d'une seule ville, aujourd'hui nous consommons les richesses de tout l'univers : on fait travailler pour nous les maîtres et les esclaves.» Tibère, dans les premiers temps, souffrait la contradiction avec plaisir. On connaît la réplique hardie qu'il entendit sans colère au sujet d'un mot barbare qu'un flatteur lui arrogeait le droit de latiniser. Tibère changea bientôt de façon de penser. Quelqu'un lui ayant dit : Vous souvenez-vous, Prince? L'empereur, sans permettre à cet homme de lui citer des époques éloignées de l'ancienne connaissance qu'il voulait lui rappeler, répliqua brusquement. « Non, je ne me souviens plus de ce que j'ai été...» Quoique cruel à Rome, il ménagea cependant quelquefois ses autres sujets. Il répondit aux gouverneurs des provinces qui lui écrivirent qu'il fallait les surcharger d'impositions : « Qu'un bon maître devait tondre et non pas écorcher son troupeau. » Après l'horrible tremblement de terre qui l'an 17 ravagea l'Asie mineure, les malheureux habitans de ces contrées désolées trouvèrent dans la libéralité de Tibère un soulagement à leurs maux. La ville de Sardes, qui avait été très-maltraitée, obtint dix millions de sesterces et fut exempte de tout tribut pendant cinq ans. On accorda la même remise aux autres villes, et des gratifications proportionnées à leurs pertes. Pour perpétuer la mémoire de ses bienfaits, les villes d'Asie frappèrent des médailles dont quelques-unes subsistent encore. « Nulle action d'éclat, nul mérite militaire, dit un écrivain moderne, ne parut racheter ses crimes. Insouciant à l'excès sur le sort de l'État, il n'eut d'autre soin dans ses derniers momens que de désigner pour son successeur Caïus Caligula, dont les vices naissans lui donnaient, disait-il, l'espoir qu'il parviendrait un jour à faire oublier les siens. Espérance digne d'un tel prince, et que celui qui les fit naître ne tarda pas à réaliser, puisqu'on prétend qu'il fit étouffer Tibère, trouvant qu'il n'expirait pas assez vite à son gré. »

29 (Musée, sans numéro).

CLAUDE.

BUSTE EN BRONZE,

Placé sur une colonne de douze pieds, en marbre brèche violette, à droite, à l'entrée de la salle.

Claude Ier *(Claudius Nero)*, fils de Drusus et oncle de Caligula, né à Lyon dix ans avant l'ère chrétienne, ou le 1er août de l'an 744 de Rome, fut le seul de sa famille que son neveu laissa vivre. Après la mort de Caligula, Claude fut proclamé empereur par les soldats, qui le rencontrèrent par hasard comme il se cachait pour échapper aux meurtriers. Quoique le sénat eût envie de rétablir la république, on n'osa s'opposer à son élection, et on le reconnut l'an 41 de J.-C. Il était alors dans sa cinquantième année. Les maladies de sa jeunesse l'avaient rendu faible et timide. Au commencement de son règne, il s'annonça fort bien ; mais il se démentit bientôt, et ce ne fut plus qu'un enfant sur le trône. Il avait refusé tous les titres fastueux que l'adulation des courtisans avait inventés ; il avait orné Rome d'édifices publics,

29.

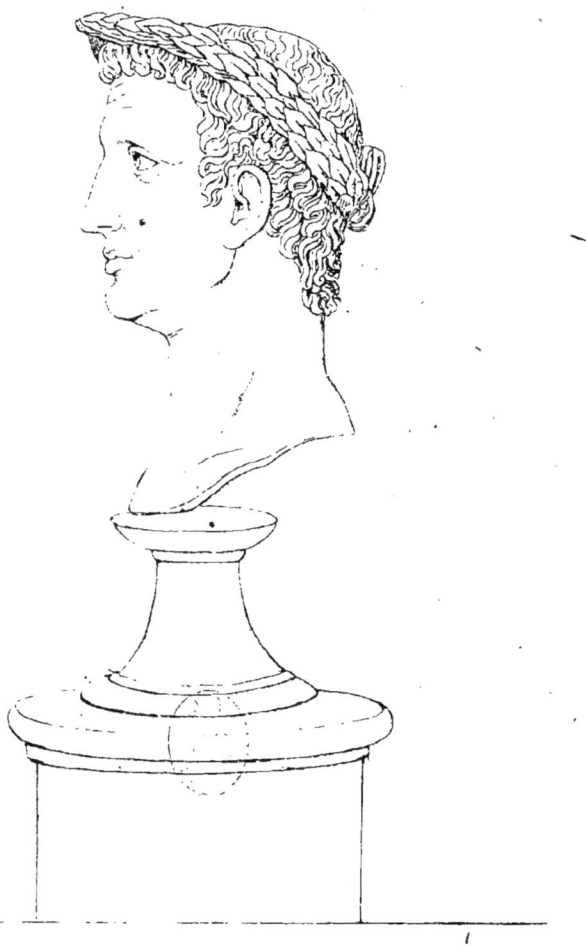

Claude.

et l'avait charmée par sa politesse, son affabilité, son application aux affaires et son équité. Mais il ne parut ensuite qu'un imbécile, qui ne connaissait ni sa force ni sa faiblesse, ni ses droits ni ses devoirs. Le sénat, toujours flateur parce qu'il n'était plus maître, décerna les honneurs du triomphe à l'empereur, pour le succès de ses armes dans la Grande-Bretagne. Claude, voulant le mériter lui-même, passa dans cette île l'an 43 de de J.-C., et y fut vainqueur par ses généraux. A son retour, il retomba dans la stupidité. L'impudique Messaline, sa femme, le subjugua au point qu'il en apprit les débauches, et en fut même témoin, sans en être troublé. Ce monstre de barbarie et de lubricité voulait-elle se venger du mépris d'un amant, elle trouvait son faible époux toujours prêt à lui obéir. Trente sénateurs et plus de trois cents chevaliers furent mis à mort sous son règne. L'imbécile tyran voyait avec une joie calme et stupide ces exécutions sanguinaires. Il était tellement familiarisé avec l'idée des tortures, qu'un de ses officiers lui rendant compte du supplice d'un homme consulaire, il répondit froidement : « Je ne vous avais pas dit de le faire mourir ; mais qu'importe puisque cela est fait...... » Il acheva de perdre les anciens ordres en donnant à ses officiers le droit de rendre la justice. Les guerres de Marius et de Sylla ne se faisaient, dit Montesquieu, que pour savoir qui aurait ce droit, du sénateur ou du chevalier. Une fantaisie d'un imbécile l'ôta aux uns et aux autres; étrange succès d'un despotisme qui avait mis en combustion tout l'univers. Camille, gouverneur de la Dalmatie, s'étant fait proclamer empereur, écrivit à Claude une lettre dans laquelle il le menaçait de tous les tourmens s'il ne se démettait de l'empire; Claude allait se soumettre, si on ne l'en eût empêché. Après avoir puni de mort les monstrueuses débauches de Messaline, sa troisième femme, il épousa Agrippine sa nièce, quoiqu'il eût promis de ne plus se marier. Celle-ci le subjugua encore : c'est à sa sollicitation qu'il adopta Néron, au préjudice de Britannicus Elle l'empoisonna dans un ragoût de champignons. mais comme le poison le rendit simplement malade, elle envoya chercher Xénophon, son médecin, qui, feignant de lui donner un de ces vomitifs dont il se servait ordinairement après se débauches, lui fit passer une plume empoisonné dans la gorge; il en mourut l'an 54 de J.-C., âg d'environ 65 ans. « Claude n'était qu'un homm ébauché, disait sa mère. » De lui-même il n'étai qu'idiot; sa faiblesse en fit un tyran. Il invent cependant *trois lettres*, et composa quelques *ouvrages* qui se sont perdus.

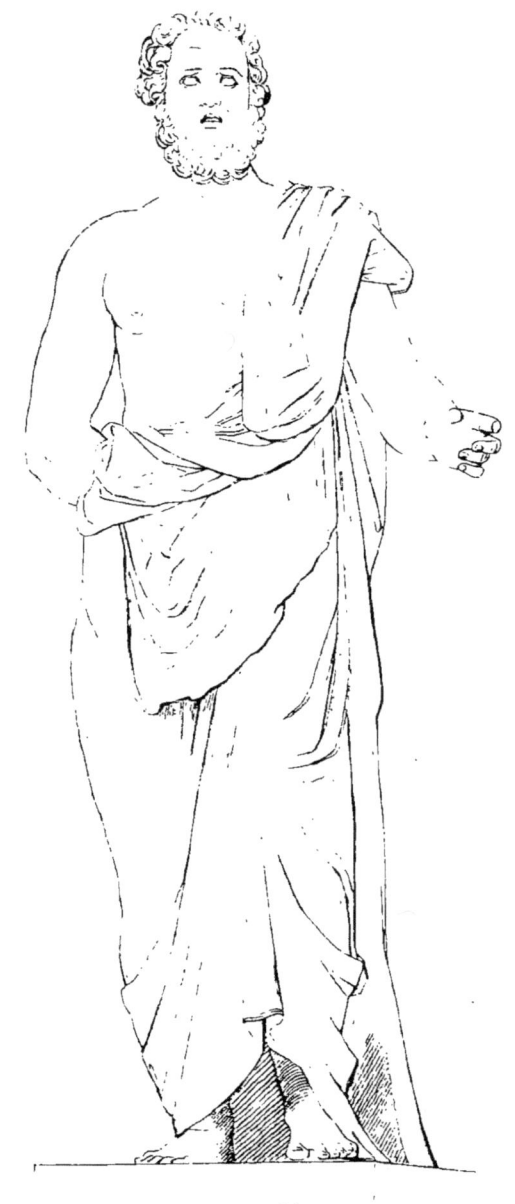

Esculape

30 (Musée, sans numéro).

ESCULAPE.

PETITE STATUE.

Marbre pentélique.

Placée à la gauche de la précédente, dans la même embrasure.

Esculape, dieu de la médecine, est figuré ici sans attributs et dans un moment d'invocation, expression parfaitement rendue par la position des yeux, par l'ouverture de la bouche et par l'action indéterminée de la main gauche. Les draperies de cette petite statue sont belles et bien jetées. (Plus tard, on fera connaître les différentes attributions d'Esculape.) *Voy.* page 59.

31 (Musée, sans numéro).

JUNON.

PETITE STATUE,

Marbre de Paros,

Posée sur une colonne, à droite, dans l'embrasure de la fenêtre.

On reconnaît l'épouse de Jupiter et la reine du ciel à son diadême élevé, à son maintien sévère et à l'ajustement de son vêtement. Plus tard on fera connaître les différentes attributions de cette déesse du premier ordre.

Les statues d'Esculape et de Junon que l'on vient de décrire sont posées sur des colonnes ioniques, cannelées, de 10 pieds environ, en porphyre.

31.

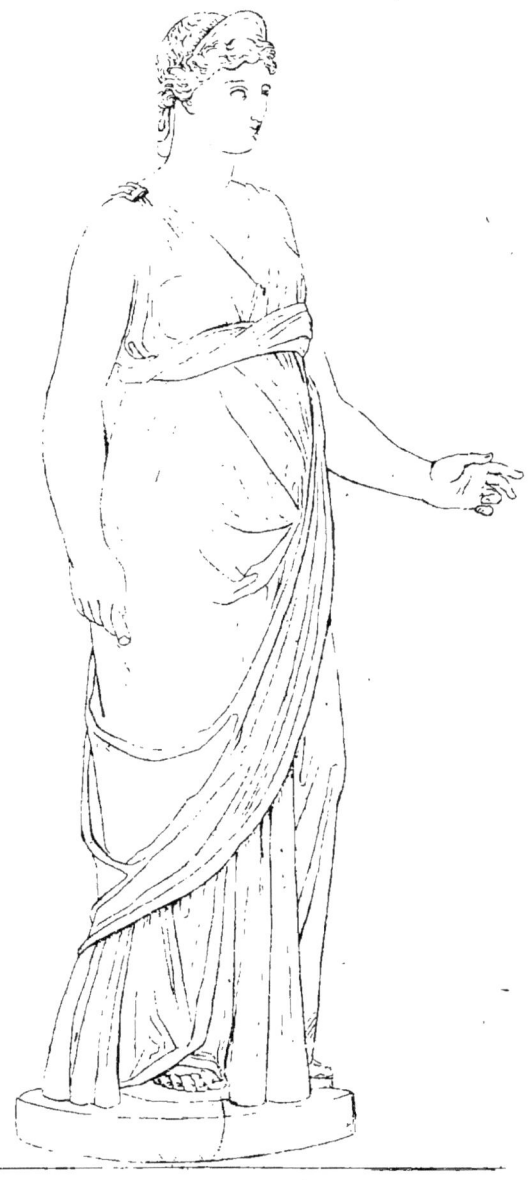

Junon.

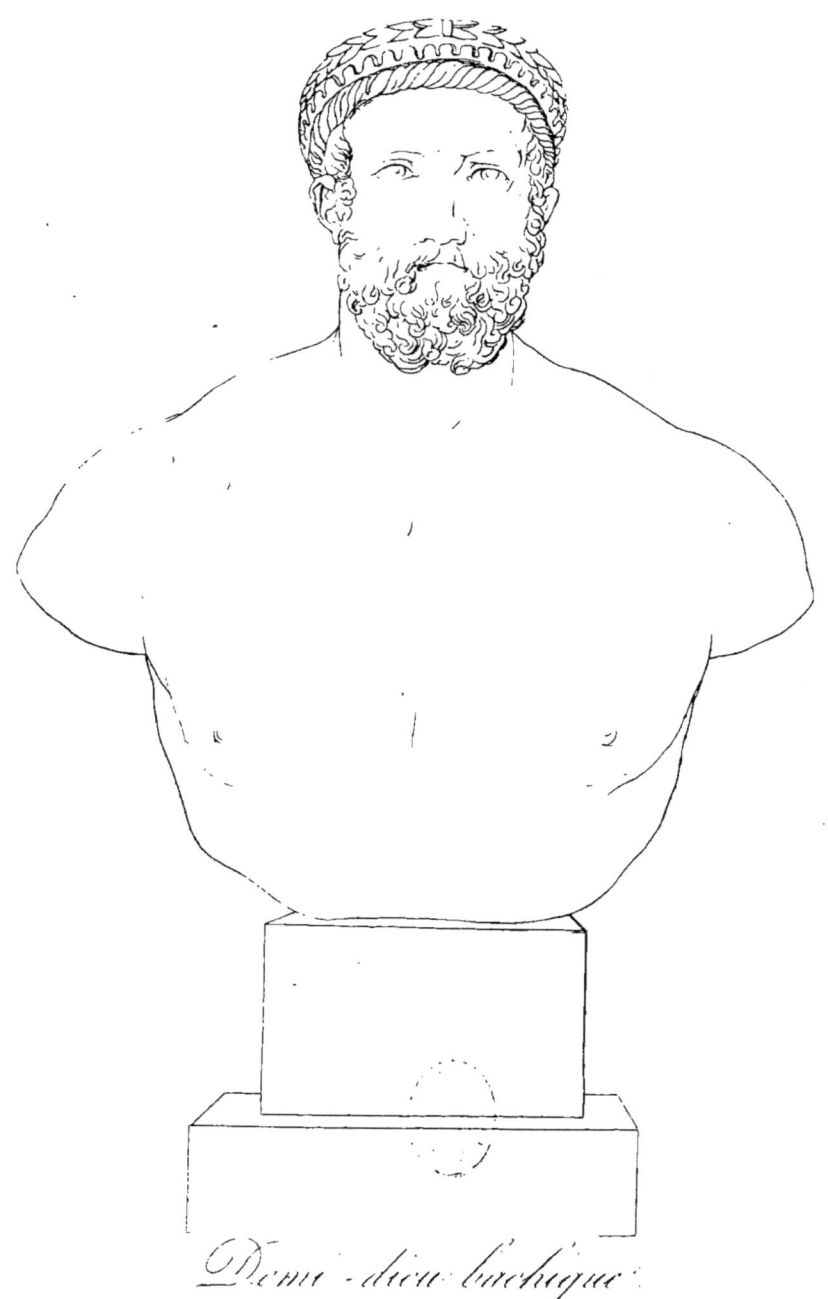

Demi-dieu bachique

32 (Musée, n° XXIII).

DEMI-DIEU BACHIQUE.

BUSTE *en bronze.*

Haut. 0,854 m. — 2 pieds 7 p. 6 lig.

Ce beau bronze, d'un style sévère et d'un travail sec et dur, que l'on a tiré de Fontainebleau, est remarquable par son caractère et sa coiffure.

Suivant Philostrate, il y avait trois Bacchus reconnus comme divinités ; savoir : un *thébain*, un *indien* et un *assyrien*. Le Bacchus thébain était le plus célèbre des trois, et on le faisait fils de Jupiter et de Sémélé. L'indien, suivant Diodore de Sicile, était fils de Jupiter Ammon et d'Amalthée ; il fut nommé le *barbu*, parce qu'il portait une barbe à la manière des Indiens. Le Bacchus assyrien était fils de Cérès, et il passait pour lui avoir enseigné à accoupler les bœufs sous le joug pour le service du labourage, et Strabon, dans cette circonstance, l'appelle le *génie de Cérès*.

Le buste considéré ici comme un *demi-dieu bachique* pourrait bien être le Bacchus assyrien, auquel on a élevé des statues et à qui on donnait une barbe comme au Bacchus indien. Le diadême dont il est revêtu est un des caractères distinctifs de Bacchus, et ce dieu, auquel on avait donné le surnom de *Liber*, est le premier, dit-on, dont le front fut ceint du diadême, signe caractéristique de la liberté dont il jouissait.

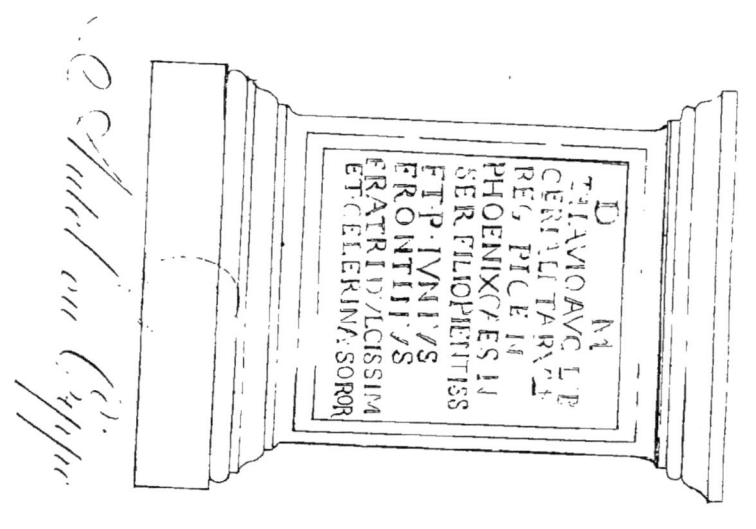

D M
T FLAVIO AVG L P
CENDITARCH
REG PICEN
PHOENIX C ES II
SER FILIO PIENTISS
F T P IVNIVS
FRONTIIVS
FRATRI DVLCISSIM
ET CELERINA SOROR

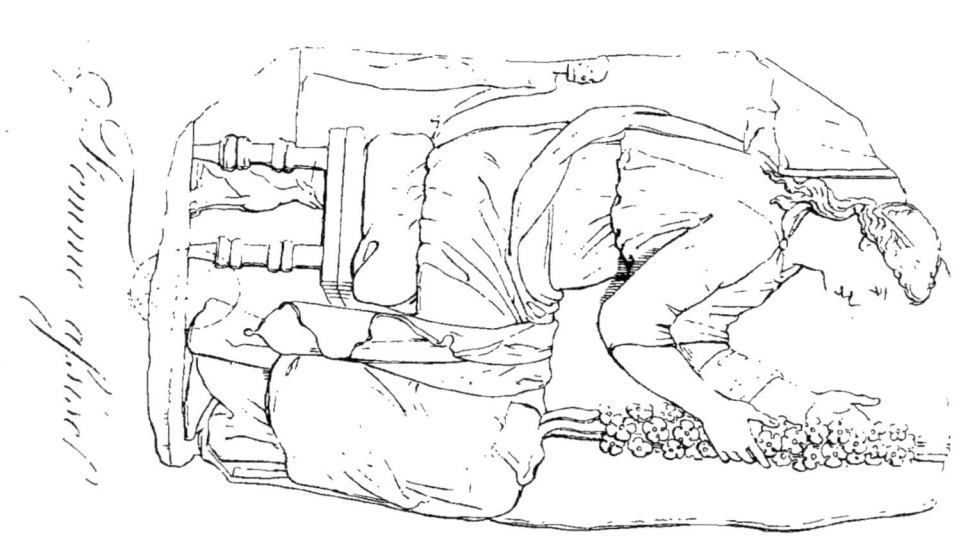

AUTEL ou CIPPE.

33 (Musée, n° XXIV).

AUTEL ou CIPPE.

Haut. 0,939 m. — 2 pieds 10 p. 8 lig. — Larg. 0,622 m. — 1 pied 11 p.

Cet autel en marbre de Pentélie est orné d'une inscription qui, dit-on, était placée sur le tombeau de *Titus Flavius-Céralis*, affranchi de l'empereur Vespasien, et archiviste de la province du *Picenum*. Comme l'inscription est exactement rendue par la gravure, on ne la rappelle point ici. Cet autel sert de piédestal au bronze désigné sous le nom de *demi-dieu bachique*.

On élevait communément des autels aux morts et aux dieux mânes, et on les consacrait à ces divinités comme l'indique l'inscription *DIIS MANIBUS* qui décore assez souvent cette espèce de *memento* élevé en mémoire de ceux que l'on chérissait pendant la vie; car les cendres des morts n'étaient pas toujours nécessaires pour l'érection de ces autels particuliers.

Les anciens élevaient des autels pour des causes très-différentes les unes des autres, lit-on dans l'Encyclopédie. Ils en avaient même de très-petits dans leurs laraires (lieux retirés, dans l'intérieur des maisons, où se déposaient les dieux Lares), et de portatifs, qu'ils appelaient *solubles*, pour les voyages.

On élevait souvent des autels sur les frontières d'un pays, afin d'en rendre les limites sacrées et inviolables. Ces frontières, d'ailleurs, n'étaient fixées quelquefois qu'après des guerres et des traités de paix. Les autels qui avaient servi à ces traités et aux sermens qui les accompagnaient en devenaient des témoins toujours subsistans.

On élevait aussi des autels pour obtenir des dieux quelque bienfait, ou pour les remercier des grâces que l'on en avait reçues pour son propre compte, pour celui d'une épouse et d'un fils, ou pour des parens et même des amis. Ces différens motifs dans l'érection de cette sorte de monumens n'a pas peu contribué à les multiplier considérablement.

34 (Musée, sans numéro).

FEMME ASSISE.

Haut. 0,650 m. — 2 pieds. — Larg. 0,352 m. — 1 pied 1 p.

Au-dessous de l'autel ci-dessus décrit on voit un bas-relief en marbre grec, représentant une femme assise sur une chaise, occupée à former une guirlande de fleurs et de fruits, et faisant le mouvement de les offrir en sacrifice. Derrière elle est une petite figure dont il est impossible de deviner le sujet à cause des mutilations qu'elle a éprouvées ; cependant il y a tout lieu de croire qu'elle représente un génie protecteur : car je considère cette pièce comme le fragment d'un tombeau. Sous la chaise on remarque un chien, le symbole de la fidélité, et derrière, un squelette debout. J'observe qu'il est rare de voir les squelettes figurer sur les monumens de l'antiquité. Voyez ce que j'ai dit plus haut sur la manière des anciens de représenter la mort. (N° 26, pages 90 et 91 .) Ils offraient aux dieux des guirlandes dans les sacrifices, et ils en paraient les temples dans les jours de fête. Les parfums qu'exhalaient les différentes fleurs dont on les composait procuraient des spasmes aux assistans, et provoquaient leur enthousiasme.

35 (Musée, n° XXVI).

MARC-AURÈLE.

STATUE.

Marbre de Pentélie. Grandeur naturelle.

Haut. 2,103 m. — 6 pieds 5 pouc. 8 lig.

La statue de l'empereur que l'on voit ici est une image parfaite du dernier soupir de la dernière école créée, pour ainsi dire, par Hadrien. La grande quantité de statues que l'on sculptait alors ne contribua pas peu à entraîner l'art vers la décadence, et Winckelmann, dans son Histoire de l'Art, déclame avec raison contre l'abus de l'érection publique des statues, et il donne pour exemple plusieurs statues qui furent érigées à ceux qui remportaient des prix dans le cirque (*Histoire de l'Art,* tome III, page 234). Ce savant antiquaire rapporte, à cette occasion, que Lucius Vérus fit faire en or le portrait de son cheval, et le fit placer dans le cirque.

Marc-Aurèle est représenté debout, en habit militaire, vêtu de la cuirasse et du *paludamentum;* il est dans l'attitude de haranguer ses soldats, ce qui est exprimé par son regard, par sa bouche

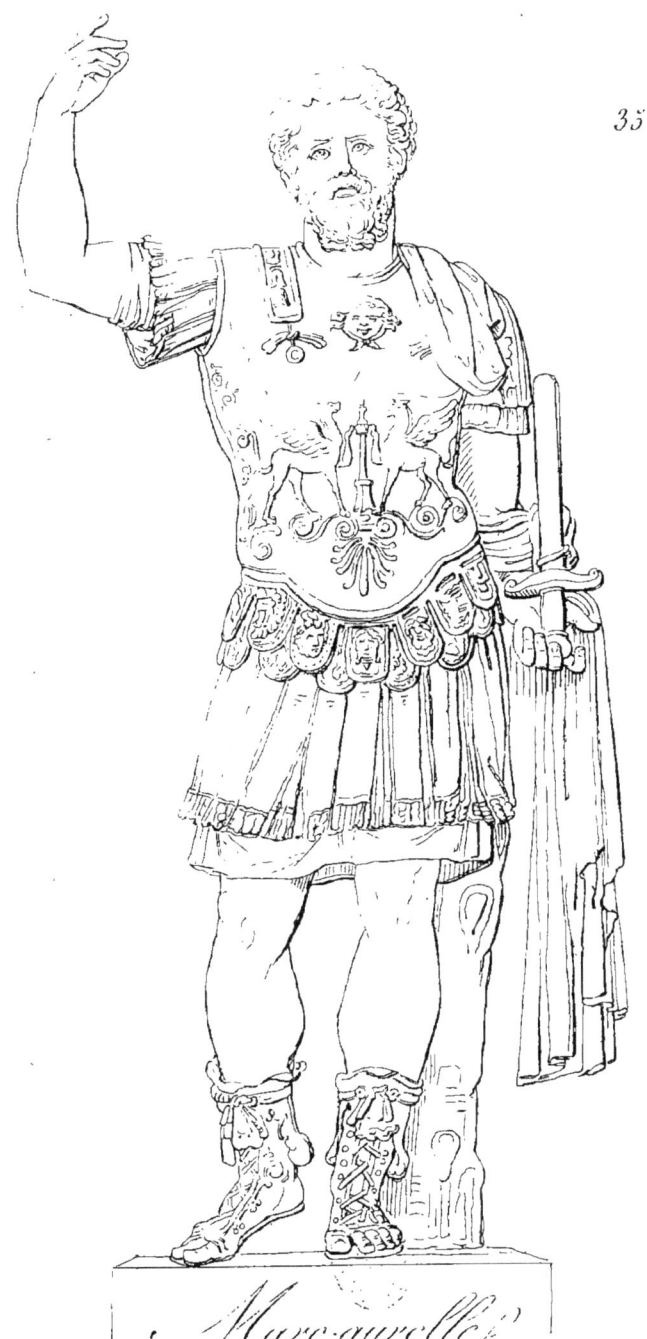

ouverte, et surtout par son bras droit qui est levé et dans un mouvement indicatif; de la main gauche il tient son épée de manière à désigner l'action qu'il fait.

Le travail de cette statue est agréable, on y remarque généralement plus de goût que de sévérité; et l'abus que l'on a fait de l'outil appelé *trépan*, tant dans les cheveux et la barbe que dans les broderies de la cuirasse, pour produire plus d'effet, indique assez que les statuaires alors, dans l'exécution de leurs morceaux de sculpture, sacrifiaient plus à la facilité qu'à la perfection; de là la décadence de l'art dont parle Winckelmann. La chaussure garnie de fourure, distinction particulière des empereurs et des généraux; la cuirasse ornée de deux griffons; les tassettes, les épaulières ainsi que les draperies, tous ces détails sont marqués au coin du goût et de l'adresse.

Marc-Aurèle Antonin, le philosophe, né le 26 avril l'an de l'ère nouvelle, de l'ancienne famille des Annius, fut adopté par Antoine-le-Pieux, qui l'associa à l'empire avec Lucius-Vérus, cousin de cet empereur. Après la mort d'Antonin, l'an 161, on proclama d'une voix unanime Marc-Aurèle, qui, quoique le trône eût été déféré à lui seul, en partagea les honneurs et le pouvoir avec Lucius-Vérus, et lui donna sa fille Lucille en mariage. Rome vit alors ce qu'elle n'avait point encore vu, deux souverains à la fois, et deux souverains qui, avec des mœurs bien différentes, n'avaient qu'un cœur et qu'un esprit. Marc-Aurèle avait pris, dès l'âge de douze ans, le manteau de philosophe. Sa vie avait depuis été austère. Il couchait sur la terre nue, et ce ne fut qu'à la prière de sa mère qu'il prit un lit un peu plus commode. Ses maîtres de philosophie ne lui avaient point appris à faire des déclamations et des syllogismes, ou à lire dans les astres, mais à cultiver la vertu. Devenu empereur, il régla l'intérieur de l'État, et le fit respecter au dehors. Il remit en vigueur l'autorité du sénat, et assista à ses assemblées avec l'assiduité du moindre sénateur. Marc-Aurèle traitait de toutes les affaires militaires, civiles et politiques, avec les plus sages de la ville, de la cour et du sénat; et déférait souvent à leurs avis plutôt qu'au sien. « Il est plus raisonnable, disait-il, de suivre l'opinion de plusieurs personnes éclairées, que de les obliger de se soumettre à celle d'un seul homme. » S'il était attentif à consulter, il ne l'était pas moins à faire exécuter. Il disait « qu'un empereur ne devait rien faire ni lentement ni à la hâte; et que la négligence dans les plus petites choses influait dans les plus grandes. » Sa circonspection pour le choix des gouverneurs de provinces et des magistrats fut extrême.

C'était une de ses maximes « qu'il n'était pas au pouvoir d'un prince de créer les hommes tels qu'il les voulait, mais qu'il dépendait de lui de les employer tels qu'ils étaient, chacun selon son talent. » Persuadé que le prince est au-dessous des lois, il ne se regardait que comme l'homme d'affaires de la république. « Je vous donne cette épée, dit-il au chef du prétoire, pour me défendre tant que je m'acquitterai fidèlement de mon devoir ; mais elle doit servir à me punir, si j'oublie que ma fonction est de faire le bonheur des Romains. » Il demandait permission au sénat de prendre de l'argent dans l'épargne, car, disait-il, rien ne m'appartient en propre, et la maison même que j'habite est à vous. » Un gouvernement tel que le sien ne pouvait manquer de lui concilier l'amour et l'estime du sénat et du peuple. L'un et l'autre cherchèrent à lui en donner des marques par les nouveaux honneurs qu'ils voulurent lui rendre ; mais il refusa les temples et les autels. « La vertu seule, dit-il, égale les hommes aux dieux : un roi juste a l'univers pour son temple, et les gens de bien en sont les prêtres et les ministres. » Une peste générale ravagea l'empire sous son règne. A ce fléau si funeste succédèrent les tremblemens de terre, la famine, les inondations, les chenilles ; et tout cela ensemble devint si terrible, que, sans la vigilance de Marc-Aurèle, l'empire romain allait devenir la proie des barbares. Les Germains, les Sarmates, les Quades et les Marcomans, prenant occasion de ces calamités, firent irruption dans l'empire l'an 170, pénétrèrent en Italie, et ne furent repoussés qu'après avoir fait beaucoup de ravages : la persécution des chrétiens parut un acte de religion propre à calmer le courroux du ciel; et Marc-Aurèle, cruel par piété, souffrit qu'on les persécutât. Les barbares ayant fait une nouvelle irruption dans l'empire, l'empereur les défit, les chassa, et procura la paix à ses sujets par des victoires. Il employa ses momens de tranquillité à réformer les lois, et à en donner de nouvelles en faveur des orphelins et des mineurs. Il désarma la chicane, fit des réglemens contre le luxe, et mit un frein à la licence générale. Une nouvelle ligue des Marcomans et des Quades jeta l'empereur dans de nouveaux embarras. Pour ne pas charger le peuple d'impôts, il fit vendre les plus riches meubles de l'empire, les pierreries, les statues, les tableaux, la vaisselle d'or et d'argent, les habits mêmes de l'impératrice et ses perles. Cette guerre fut plus longue et d'un succès plus douteux que les premières. Ce fut durant son cours que Marc-Aurèle, se trouvant resserré par les ennemis dans une forêt de Bohême, obtint, s'il en faut croire Tertullien, par les prières de la légion mélitine, qui était chrétienne, une pluie abondante qui désaltéra son armée près de périr de soif. Les Païens attribuèrent ce miracle à Jupiter pluvieux; mais on prétend que Marc-Aurèle, persuadé qu'il en était redevable au dieu des Chrétiens, défendit depuis de les accuser et de les persécuter. Les barbares, vaincus par les manières généreuses de ce héros bienfaisant autant que par ses exploits militaires, se soumirent un an après, en 175, la même année qu'Avidius-Cassius se fit proclamer empereur. Marc-Aurèle fit des préparatifs pour marcher contre lui; mais ce rebelle fut tué par un centenier de son armée. On envoya sa tête à l'empereur, qui refusa de la voir, et qui brûla toutes ses lettres, pour n'être pas obligé de punir ceux qui avaient trempé dans sa révolte. Il fit même entendre que, « si Cassius avait été en son pouvoir, il ne s'en serait vengé qu'en lui laissant la vie », et pardonna à toutes les villes qui avaient embrassé son parti. Marc-Aurèle passa ensuite à Athènes, y établit des professeurs publics, auxquels il donna des pensions et des immunités. De retour à Rome, après huit ans d'absence, il donna à chaque citoyen huit pièces d'or, leur fit une remise générale de tout ce qu'ils devaient au trésor public; et, à l'imitation de Trajan, brûla devant eux, dans la place publique, les actes qui les constituaient débiteurs. Il éleva aussi un grand nombre de statues aux capitaines de son armée, morts dans la dernière guerre. Les arts, les sciences et le goût déchurent sous Marc-Aurèle, qui, exclusivement dévoué aux stoïciens, et ne se réglant que sur l'exemple de cette secte orgueilleuse, les traitait avec mépris ou indifférence. Pour se décharger un peu du poids de l'empire, il désigna pour son successeur son fils Commode, et se retira pour quelque temps à Lavinium. Là, dans le sein de la philosophie qu'il appelait sa *mère*, par opposition à la cour qu'il nommait sa *marâtre*, il répétait souvent ces paroles de Platon : « Heureux le peuple dont les rois sont philosophes, et dont les philosophes sont des rois ! » Ce bon prince croyait jouir d'une tranquillité honorable. Une nouvelle irruption des peuples du Nord le força de reprendre les armes. Il marcha contre eux, et, deux ans après son départ de Rome, il tomba malade à Vienne en Autriche, et mourut à Sermich le 17 mars 180. On attribua sa mort à l'art funeste des médecins gagnés par Commode; mais ces bruits peuvent bien n'avoir d'autre fondement que les regrets de la perte de Marc-Aurèle et la haine de la tyrannie de Commode. Il paraît que la peste s'était mise dans l'armée, et que l'empereur en fut attaqué. Le sixième jour de sa maladie, se sentant défaillir, et moins affligé de sa mort prochaine que des maux qu'il prévoyait devoir la suivre, il voulut faire un dernier effort pour inspirer à son fils une conduite sage et un gouvernement vertueux. L'ayant fait appeler auprès de son lit, avec ses amis et ses plus fidèles conseillers, il parla en ces termes : « Mes amis, voici le temps de recueillir le fruit des bienfaits dont je vous ai comblés depuis tant d'années, et de m'en témoigner votre reconnaissance. Mon fils a besoin de vous; c'est vous qui l'avez élevé jusqu'ici. Mais vous voyez à quels dangers sa jeunesse est exposée, et combien, dans un âge qu'on peut justement comparer à l'agitation des flots et de la tempête, lui est nécessaire le secours d'habiles pilotes qui le gouvernent sagement, et qui empêchent que l'inexpérience ne l'entraîne vers mille écueils et ne le livre à la séduction du vice. Servez-lui de modérateurs, dirigez-le par vos conseils, et faites qu'il retrouve en vous plusieurs pères, au lieu d'un que la mort lui enlève. Car, mon fils, vous devez savoir qu'il n'est point de richesses qui suffisent à remplir le gouffre insatiable de la tyrannie; point de garde, si nombreuse qu'elle soit, qui puisse assurer la vie du prince, s'il n'a pas soin d'acquérir l'affection de ses sujets. Ceux-là seuls ont droit à une longue et heureuse jouissance du souverain pouvoir, qui travaillent non à effrayer par la cruauté, mais à régner sur les cœurs par l'amour qu'inspire leur bonté. » Ce n'était pas assez d'un pareile discours; il fallait que Marc-Aurèle, qui connaissait toutes les mauvaises qualités de Commode, le privât de l'empire. Mais Marc-Aurèle n'agissait pas avec la même force qu'il pensait, et sa douceur tint quelquefois de la faiblesse. On a de ce prince douze Livres de *Réflexions* sur sa vie, Londres, grec et latin, 1707, in-8°, traduits du grec en français par madame Dacier, avec des remarques, Paris, 1691, 2 vol. in-12. Joly a donné une nouvelle édition, Paris, 1742, in-12, de cet excellent livre. Cet empereur y a renfermé ce que la morale offre de plus beau pour la conduite de la vie. C'était l'évangile des païens. Le style en est d'une simplicité noble et touchante. « L'âme vraiment grande et élevée, dit-il, est celle qui reçoit sans répugnance ce que le ciel lui envoie et de bien et de mal.......; qui se remet entièrement et de toute sa volonté, pour ce qui concerne sa destinée et sa conduite, entre les mains de la Divinité,......; qui ne demande qu'à marcher dans le chemin de sa loi; qu'à suivre Dieu, dont toutes les voies sont droites et tous les jugemens sont justes. » La philosophie de Marc-Aurèle se rapprochait presque en tout de celle de Socrate, qu'il semblait avoir sans cesse devant les yeux.

Personne ne l'a peint d'une manière plus fidèle ni plus précise que Julien, dans cette critique ingénieuse où il trace en peu de mots les portraits des empereurs. Mercure demande à Marc-Aurèle quelle fin il s'était proposée pendant sa vie? « De ressembler aux dieux, répondit-il. — Eh quoi! lui dit Silène, prétendais-tu te nourrir d'ambroisie et de nectar, au lieu de pain et de vin? — Non; ce n'est pas par là que je prétendais leur ressembler. — En quoi consistait donc cette ressemblance? — A avoir peu de besoins, et à faire aux autres tout le bien possible. » Tel fut en effet le plan de vie de Marc-Aurèle: il allait quelquefois au-delà des idées systématiques du philosophe grec qu'il avait pris pour modèle. Socrate supposait dans le monde de bons et de mauvais génies, qui s'attachaient aux mortels suivant leurs caractères et leurs penchans; de là les hommes heureux ou malheureux, conformément aux décrets de la justice divine, dont ces dieux subalternes étaient les ministres. C'est ainsi que Scipion, suivant Cicéron, avait conçu le système de l'univers; mais Marc-Aurèle paraît l'envisager sous un point de vue plus consolant et plus élevé. Loin de supposer, ainsi que Socrate, de bons et de mauvais génies, il regardait l'être spirituel que nous possédons en nous comme une pure émanation de l'être suprême. Il croyait qu'il suffisait à l'homme, pour être heureux, de bien servir ce génie qui habitait en lui; et ce qu'il entendait par le bien servir, c'était de dégager son âme de tous les faux jugemens qui l'abusent et des passions qui l'avilissent. Rien n'était plus beau que le discours qu'il conseillait à chaque homme de se tenir en mourant : « Tu t'es embarqué, tu as fait ta course, tu abordes au lieu ou tu devais aller, sors courageusement du vaisseau. Si tu en sors pour arriver à une autre vie, tu y trouveras des dieux rémunérateurs; et si tu es privé de tout sentiment, tu cesseras d'être sous le joug des passions et de servir à un corps qui est si fort au-dessous de ton âme. » Ce langage était celui des stoïciens les plus rigides. Marc-Arèle, croyant avec eux que toutes les âmes étaient des écoulemens de la Divinité, pensait qu'après la mort elles s'y rejoignaient intimement. « Cela posé, ajoutait-il, combien les hommes ne doivent-ils pas s'aimer, se secourir, et même se respecter les uns les autres? Ils sont parens, avant de naître de telle ou telle famille. » La bonté formait réellement le fond du caractère de Marc-Aurèle. Il chérissait tellement cette vertu qu'il en fit une divinité à laquelle il éleva un temple. Il la pratiqua constamment envers les étrangers comme envers ses proches, envers ses ennemis comme envers ses amis. On lui reprochait comme une faiblesse de pleurer celui qui avait élevé son enfance : « Permettez-moi d'être homme, répondit-il, car ni le rang suprême ni la philosophie n'étouffent le sentiment. » L'homme le plus vertueux de l'empire, le plus sévère pour lui-même, était en même temps le plus indulgent pour les autres. Il répétait souvent : « Nous ne pouvons rendre les hommes tels que nous les voudrions ; il faut donc les suppporter tels qu'ils sont, et en tirer le meilleur parti possible. » Ecoutant avec douceur les plus libres remontrances, toujours prêt à pardonner les offenses personnelles, il porta quelquefois jusqu'à l'imprudence l'oubli des injures et de la trahison. Le mot d'Hadrien : « Personne n'a jamais tué son successeur, » était sa réponse ordinaire à ceux qui l'exhortaient à pourvoir à sa sûreté par des exemples de sévérité. « Telle est, ajoutait-il, la nature des crimes d'état, que ceux mêmes que l'on vient à bout d'en convaincre passent toujours pour opprimés. » « On sent en soi-même, dit Montesquieu, un plaisir secret, lorsqu'on parle de Marc-Aurèle ; on ne peut lire sa vie sans une espèce d'attendrissement. » Tel est est l'effet qu'elle produit qu'on a meilleure opinion de soi-même, parce qu'on a meilleure opinion des hommes.

36 (Musée, sans numéro).

BAS-RELIEF

Du piédestal de la statue de Marc-Aurèle.

Haut. 0,310 m. — 11 pouc. 6 lig. — Larg. 0,449 m. — 1 pied 4 p. 7 l.

FRAGMENS d'un bas-relief formé de deux parties rapprochées, l'une représente l'Amour, et l'autre une Victoire aîlée, telle que les anciens la figuraient. Ces bas-reliefs, placés dans le piédestal de la statue de Marc-Aurèle, paraissent être les débris d'un sarcophage. Je parle ainsi parce que les tombeaux s'exécutaient dans les ateliers des marchands qui en faisaient commerce, et que la sculpture en etait moins soignée que celle des monumens que l'on faisait pour les particuliers.

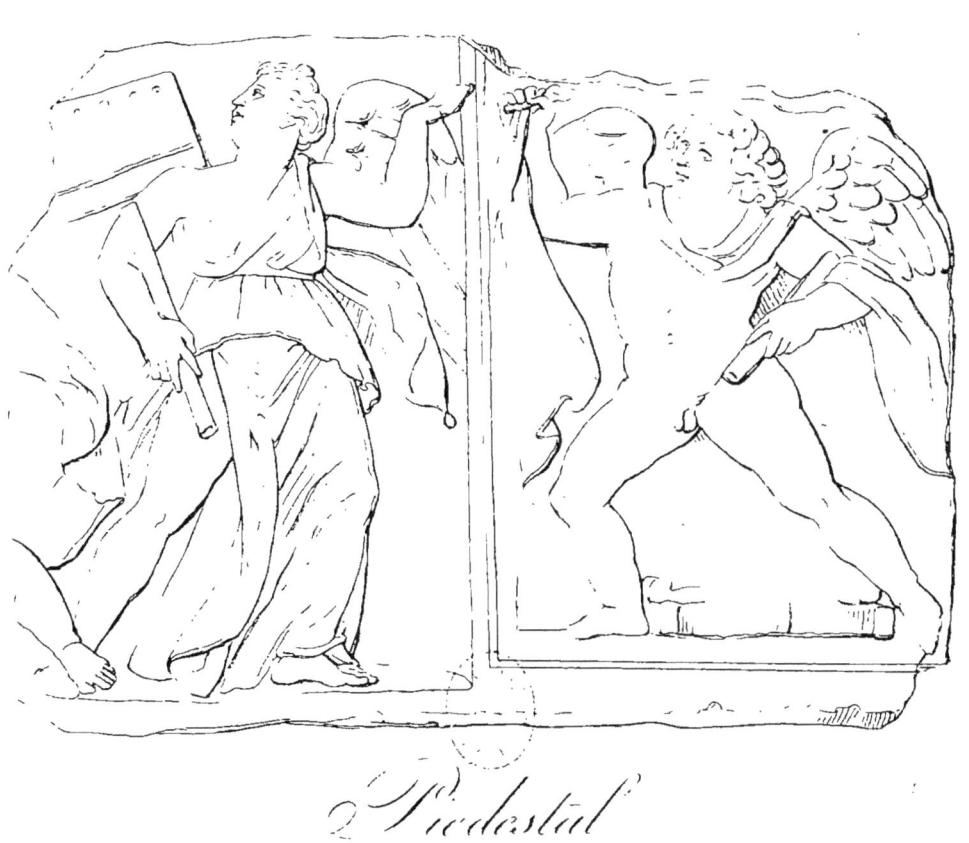

2 Piedestal

37

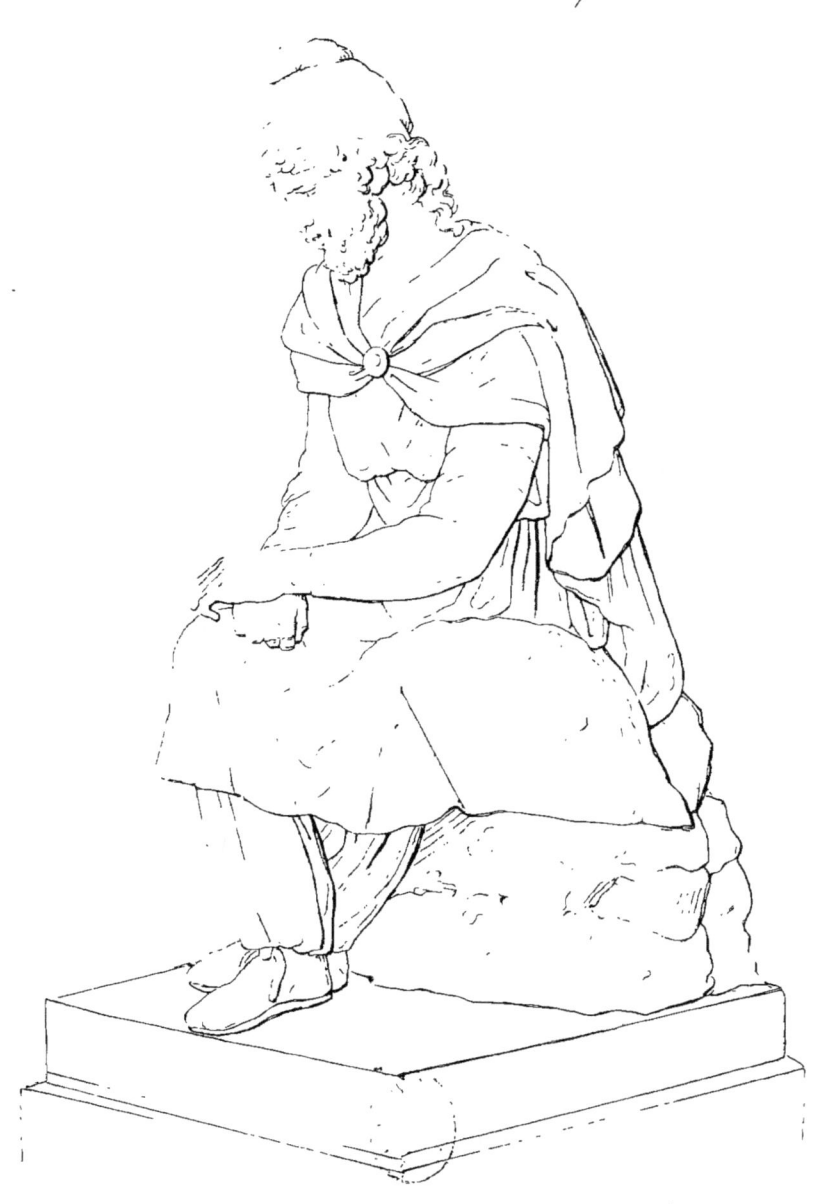

Prisonnier de Guerre

37 (Musée, n° XXVI bis).

PRISONNIER DE GUERRE.

STATUE.

Brèche dure universelle, à l'exception de la tête et des mains qui sont en marbre de Pentélie.

Haut. 0,632 m. — 5 pieds o p. 3 lig.

Suivant Ammien, les Romains déposaient leurs prisonniers de guerre auprès des drapeaux : *Arctè custodiendum apud signa commisit*, dit-il. La statue que nous avons sous les yeux pourrait bien être l'image d'un prisonnier commis à la garde des drapeaux. Il est figuré assis, les jambes et les bras croisés, et dans l'attitude d'un homme vaincu qui se livre aux réflexions affligeantes que lui fait naître sa position.

Il est vêtu de la tunique à manches longues qui descendent jusqu'aux poignets; le *sagum*, ou clamyde courte, rejeté par-dessus l'épaule et agraffé sur le devant par un bouton de métal, lui sert de manteau; ses jambes sont couvertes de l'*anaxyride*, espèce de pantalon comme on en voit aux prisonniers de guerre des arcs de Trajan et de Constantin.

Selon Suidas, les ANAXYRIDES sont les grandes culottes des Perses et des Gaulois, qui descendent jusqu'à la cheville du pied. Les artistes grecs ne les donnaient qu'aux Barbares, aux Troyens et aux personnages comiques lorsqu'ils les figuraient sur le théâtre, comme on le voit sur les peintures et les mosaïques antiques. Le bonnet dont il est coiffé est une espèce de bonnet phrygien replié sur le devant de la tête; mais il est sans *pendans* ou *fanons* pour abriter les joues, ce qui le distingue de la mitre phrygienne. La tête a beaucoup d'expression, elle est d'un beau travail ainsi que les mains.

Ce monument est extraordinaire par la beauté des draperies et leur exécution, si on considère la matière dont il se compose. La brèche universelle, dite d'*Egypte*, a la dureté du jaspe; elle étincelle sous le briquet, et réunit dans sa pâte des cailloux de granit et de porphyre; on y remarque aussi des morceaux de basalte vert et noir, ainsi que des éclats de grenats; le ciment est vert et aussi dur que les matières qu'elle contient. Cette brèche est fort rare, les carrières en sont perdues, et on ne peut s'en procurer que par des fragmens antiques.

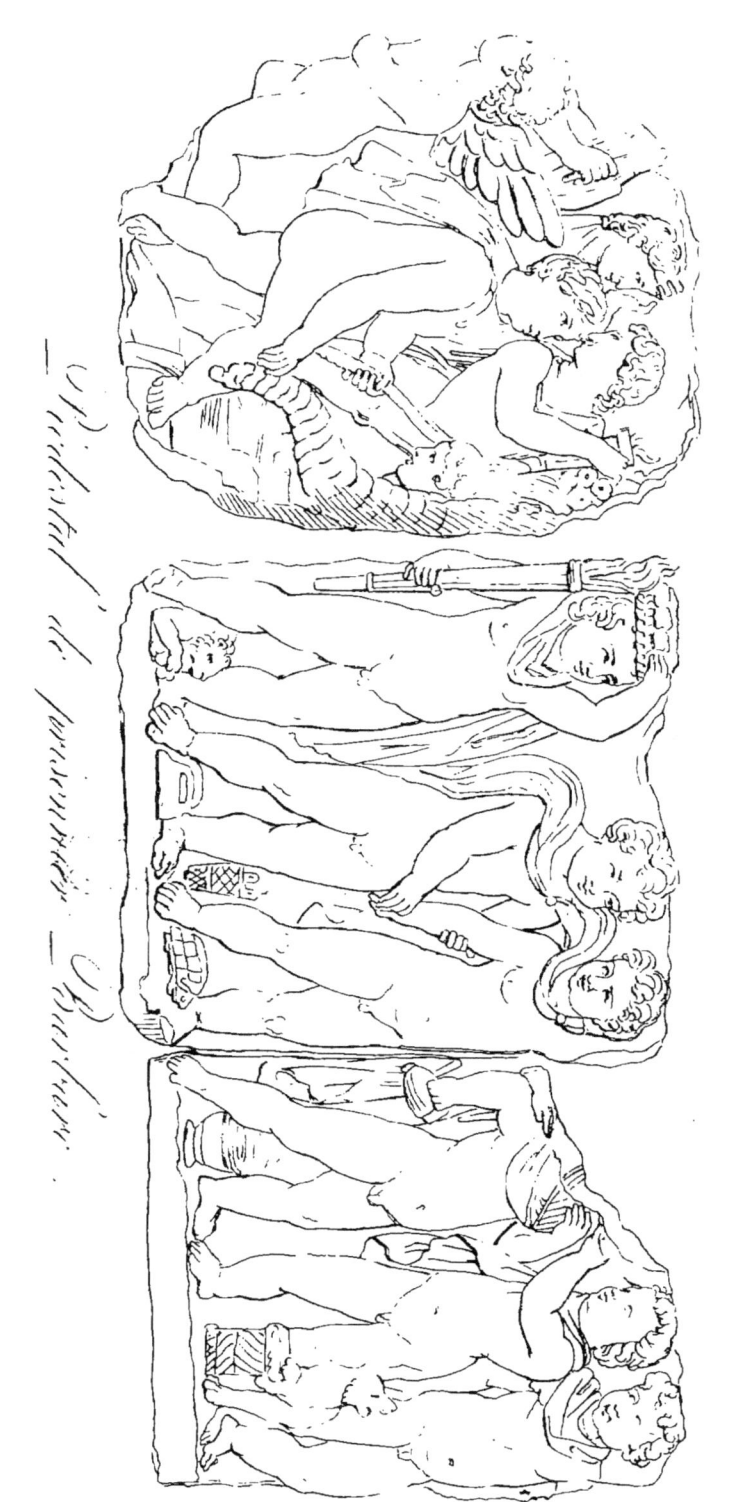

38 (Musée, sans numéro).

BAS-RELIEFS.

Les trois bas-reliefs que l'on voit ici, en *marbre de Pentélie*, décorent le piedestal de la statue du *Prisonnier barbare*.

Ces bas-reliefs, placés sur chacune des faces du piedestal, me paraissent être les fragmens d'un seul monument qui aurait représenté les mystères de Bacchus, de Cérès et de Proserpine, car on y voit les attributs caractéristiques de ces fêtes nocturnes.

Chacun d'eux fait voir trois génies, dans des attitudes différentes, portant des flambeaux, des couronnes, une lyre et des cornes d'abondance. A leurs pieds on remarque les panthères de Bacchus, des crotales, une tortue et la ciste des mystères.

La tortue est un des attributs particuliers de Mercure, d'Apollon et d'Hercule; elle est l'image de l'harmonie, des sphères ou des mondes supérieurs; c'est-à-dire de la lyre d'Apollon que l'on voit au ciel près des constellations d'Hercule et du Cygne. On raconte (*Voyez* Hygin, l. I. c. 7.), que le Nil, après s'être débordé, étant rentré dans son lit, laissa à sec une tortue, laquelle tomba en putréfaction, à l'exception de ses nerfs, que toucha Mercure, et qui, sous ses doigts, rendirent des sons.

Il en forma de suite un instrument et le donna à Apollon, d'autres disent à Orphée qui était fils de Calliope, une des Muses. Celui-ci établit dessus neuf cordes, nombre égal aux muses. De là on a supposé qu'Apollon, Orphée et même Hercule, par la position qu'ils tiennent dans le ciel, étaient conducteurs des Muses, sous le nom de *Musagète*.

La ciste, ou corbeille sacrée des anciens, était un symbole de fécondité et de régénération ; destinée à porter dans les cérémonies des mystères de Bacchus, de Cérès ou de Proserpine, l'image des parties naturelles des deux sexes, elle contenait aussi de l'orge, des gâteaux, du miel, un serpent et des fruits. Elle était toujours portée par un génie de Bacchus tenant un flambeau allumé à la main, comme le font voir plusieurs vases grecs peints. Quoique la sculpture de ces bas-reliefs soit médiocre, ils n'en sont pas moins intéressans.

39

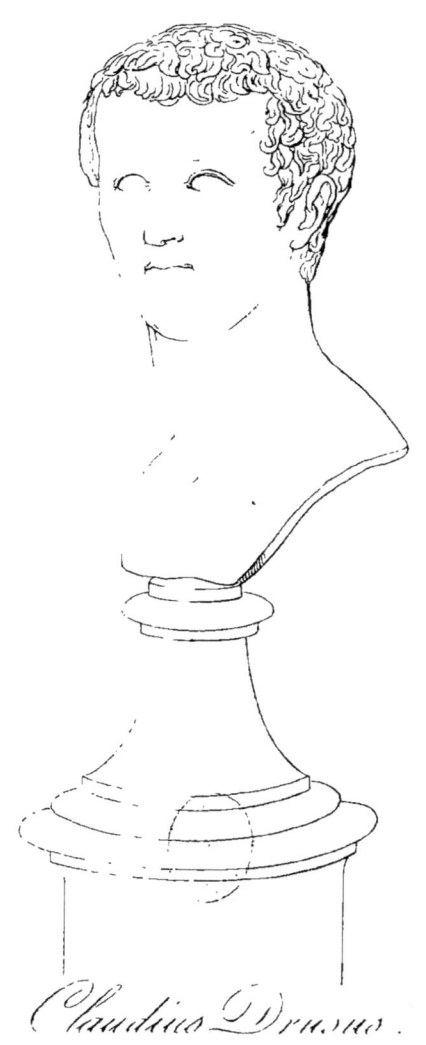

Claudius Drusus.

39 (Musée, n° XXVII).

CLAUDIUS DRUSUS.

Téte en bronze.

Haut. 0,440 m. — 1 pied 4 p. 3 lig.

CETTE tête, d'une belle exécution, et dont la ressemblance est parfaitement conforme aux médailles connues du fils de Livie, père de Germanicus et de Claude, mérite d'être remarquée.

DRUSUS (*Nero Claudius*), fils de Tibère-Néron, et de Livie, qui épousa depuis Auguste, et frère de l'empereur Tibère, né l'an 38 avant Jésus-Christ, signala de bonne heure son courage. Après avoir soumis les Grisons, il vainquit les Gaulois et les Germains, et fut élevé à la charge de préteur. La même année qu'on lui conféra la préture, il retourna sur le Rhin, le passa, et acquit tant de gloire dans cette expédition, qu'on lui décerna les honneurs du triomphe, et qu'il fut nommé proconsul dès qu'il eut cessé d'être préteur. Les armées, toujours victorieuses sous lui, l'honorèrent du titre *d'imperator*, qu'Auguste ne jugea pas à propos de lui confirmer. Il continua ses conquêtes, et porta ses armes jusqu'au bord du fleuve de l'Elbe; mais ayant fait de vains efforts pour le traverser, il se contenta d'y élever des trophées, pour faire connaître qu'il avait pénétré jusque-là. Dion prétend qu'il fut détourné du passage de ce fleuve par l'apparition d'une femme d'une taille gigantesque, qui lui dit : « Drusus, ton ambition n'aura-t-elle point de bornes? Les destins ne te permettent pas d'aller plus loin; tu touches au terme de tes exploits et de ta vie. » Drusus mourut bientôt après d'une chute de cheval, la neuvieme année avant J.-C. Rome perdit en lui un prince rempli de bravoure, de bonté, de vertu, et qui aurait préservé l'empire du règne de Tibère. C'est Drusus qui fit tirer le canal du Rhin à l'Issel. Il eut de sa femme trois enfans, Germanicus, Livie et Claude.

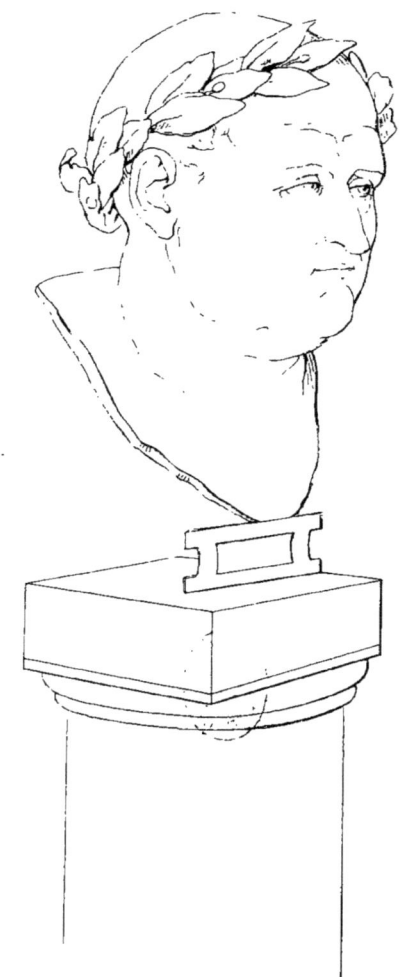

Vespasien

40 (Musée, n° XXVIII).

VESPASIEN.

BUSTE *en bronze.*

Haut. 0,459 m. — 1 pied 5 pouc. 4 lig.

Cette tête, d'une beauté et d'une vérité remarquable, découverte dans les environs de Rome, a été modelée avec tant de finesse et de précision qu'elle semble avoir été moulée sur le visage de Vespasien même.

Les yeux sont en argent, et la couronne dont elle est ornée a été rapportée après coup. Ce bronze, d'une fonte extrêmement légère, est un chef-d'œuvre de l'art.

Vespasien, dont le goût pour l'épargne allait jusqu'à la parcimonie, a néanmoins consacré des dépenses considérables aux embellissemens de la ville de Rome et à l'encouragement des hommes de lettres, des savans et des artistes. Suivant Suétone (*Vesp.* c. 18), après avoir fait bâtir le temple de la paix, il le décora des statues que Néron avait fait venir de la Grèce. Il en fit une espèce de Musée magnifique, en y plaçant les tableaux des différentes époques, que l'on avait réunis dans Rome sous plusieurs règnes. La grande quantité de belles statues et de bustes magnifiques, découverte dans les jardins de Salluste, indique assez que Vespasien les avait fait orner; d'ailleurs c'était le lieu qu'il habitait de préférence et où il donnait audience à tout l'univers, comme le dit Winckelmann, t. III. page 201.

Le beau buste de Vespasien et celui de Claudius Drusus sont placés l'un et l'autre sur des colonnes de brèche dure universelle, d'Egypte. (*Voyez* au n°. 37 ce que j'ai dit de cette belle matière.)

VESPASIEN (*Titus Flavius*), empereur romain, né l'an 8 ou l'an 9 de J.-C. d'une famille obscure, à Rhéate, dans le pays des Sabins, cinq ans avant la mort d'Auguste, était fils de Flavius Sabinus et de Vespasia Polla, qui vivaient dans une petite maison de campagne près de Riti. Il ne rougissait point d'avouer sa naissance, et se moquait de ceux qui, pour le flatter, lui donnaient des ancêtres illustres. Sa valeur et sa prudence, et surtout le crédit de Narcisse, affranchi de Claude, lui procurèrent le consulat. Il suivit Néron dans son voyage de la Grèce; mais il encourut la disgrâce de ce prince pour s'être endormi pendant qu'il récitait ses vers. Les juifs s'étant révoltés, l'empereur oublia cette prétendue faute, et lui donna une armée pour les rappeler à leur devoir. Il fit la guerre dans la Palestine avec succès, défit les rebelles en diverses rencontres, prit Ascalon, Jotapat, Joppé, Gamala, etc. Toutes les autres places de la Galilée se soumirent par force ou volontairement, et une foule de captifs furent exposés en vente. Le vainqueur se prépara à mettre le siège devant Jérusalem; il disposa tout de manière à pouvoir s'emparer de cette ville; mais il ne put réussir; la gloire en était réservée à Titus son fils, qui s'en rendit maître quelque temps après. Vitellius étant mort, il fut salué empereur à Alexandrie par son armée, le 1er juillet de l'an 69 de J.-C. Il commença par rétablir l'ordre parmi les gens de guerre dont les excès et les insolences désolaient les villes et les provinces. Il eut soin surtout de remédier à la mollesse, l'écueil de la discipline militaire. Un jeune officier, qu'il avait honoré d'un emploi considérable, étant venu l'en remercier tout parfumé, il lui dit d'un ton sévère : « J'aimerais mieux que vous sentissiez l'ail que l'essence. » La réforme s'étendit sur tous les ordres de l'état; il abrégea les procédures; il rendit inutiles les artifices de la chicane par d'excellentes lois. Après avoir travaillé lui-même à ces changemens, il embellit Rome et les autres villes de l'empire. Il répara les murs, fortifia les avenues et les mit en état de défense. Il bâtit aussi quelques villes et fit des grands chemins. Il pourvut à la sûreté des provinces frontières. Mais ce qui le distingua surtout des autres princes, ce fut sa clémence. Loin de faire mourir ceux qui étaient simplement soupçonnés de conspirer contre lui, il leur faisait ressentir ses bienfaits. Ses amis lui ayant dit un jour de prendre garde à Métius Pomposianus, parce que le bruit courait que son horoscope lui promettait l'empire, il le fit consul, et ajouta en riant : « S'il devient jamais empereur, il se souviendra que je lui ai fait du bien.... Je plains, ajouta-t-il, ceux qui conspirent contre moi et qui voudraient occuper ma place; ce sont des fous qui aspirent à porter un fardeau bien pesant. » Ce fut par cette modération et par sa vigilance qu'il désarma les conspirateurs qui voulaient lui enlever le trône et la vie; et le seul Sabinus eut à se plaindre de la sévérité vindicative de Vespasien. Il n'était point ambitieux de ces grands titres dont plusieurs de ses prédécesseurs étaient si jaloux. Il refusa même long-temps *celui de père de la patrie,* qu'il méritait à si bon droit. Le roi des Parthes lui ayant écrit avec cette inscription, *Arsace, roi des rois, à Vespasien;* au lieu de réprimer cet orgueil, il lui répondit simplement : *Vespasien, à Arsace roi des rois.* Il permettait à ses amis de railler; et lorsqu'on affichait des plaisanteries sur lui, il en faisait afficher aussi pour y répondre. Son penchant à pardonner ne prit rien sur sa justice. Les usuriers, ressource cruelle de la jeunesse qui empruntait d'eux à un intérêt exhorbitant, causaient la ruine de plusieurs maisons : il ordonna que quiconque aurait prêté à un enfant de famille à un gros intérêt ne pourrait, quand la sucession serait ouverte, répéter ni l'intérêt ni le principal. Ennemi du vice, il fut le rémunérateur de la vertu. Il fit fleurir surtout les arts et les sciences par ses libéralités envers ceux qui y excellaient ou qui y faisaient des progrès; et il destina aux seuls professeurs de rhétorique cent mille sesterces, payables annuellement sur le trésor de l'empire. Il est vrai qu'il bannit de Rome divers philosophes dont l'insolence était extrême et les principes dangereux; mais il n'en eut ni moins d'amour pour les lettres, ni moins de générosité à l'égard des écrivains distingués. Il donnait des pensions ou accordait des gratifications à ceux qui faisaient des découvertes ou qui perfectionnaient les arts mécaniques, qui étaient aussi précieux à ses yeux que les arts libéraux. Un habile mathématicien ayant trouvé une manière de faire transporter à peu de frais dans le Capitole des colonnes d'une pesanteur prodigieuse, Vespasien paya en prince l'inventeur, sans vouloir pourtant qu'on se servît de l'invention : « Il faut, dit-il, que les pauvres vivent.... » L'empire fut aussi florissant au dehors qu'au dedans. Outre la Judée et la Comagène, il assujétit encore les royaumes de Lycie et de Pamphylie, en Asie, qui jusqu'alors avaient eu leurs rois particuliers, et les rendit provinces de l'empire. L'Achaïe et la Thrace, en Europe, eurent un pareil sort. Les villes de Rhodes et de Samos, la ville de Bizance, et d'autres aussi considérables, furent soumises aux Romains. Ses grandes qualités furent ternies par une économie qui tenait de l'avarice. N'étant encore que simple particulier, il avait marqué beaucoup d'avidité pour l'argent; il n'en témoigna pas moins sur le trône. Un esclave à qui il refusa de donner la liberté gratuitement, tout empereur qu'il était, lui dit : « Le renard change de poil, mais non de caractère. » Les députés d'une ville ou d'une province étant venus lui annoncer que par délibération publique on avait destiné un million de sesterces (125,000 livres) à lui ériger une statue colossale. « Placez-là ici sans perdre de temps, leur dit-il en présentant sa main formée en creux, voici la base toute prête..... » Vespasien achetait souvent des marchandises pour les revendre plus cher; mais il fit en sorte qu'une partie de ses extorsions fut attribuée à Cénis, une de ses concubines. Cette femme avait l'esprit d'intérêt ordinaire aux personnes de son état. Elle vendait les charges et les commissions à ceux qui les sollicitaient, les absolutions aux accusés innocens ou coupables, et les réponses mêmes de l'empereur. On imputait encore à Vespasien d'employer à dessein dans les finances les hommes les plus avides, pour les condamner lorsqu'ils seraient enrichis. Ce prince ne regardait les financiers que comme des éponges qu'il voulait presser après qu'elles seraient remplies. Titus, son fils, n'approuvant point je ne sais quel impôt sur les urines, l'empereur lui présenta la première somme qu'on en avait retirée, en lui demandant : « Cet argent sent-il mauvais ?.. » La dernière maladie de Vespasien fut une douleur dans les intestins. Elle ne l'empêcha point de travailler aux affaires du gouvernement avec vivacité; et il répondait aux représentations qu'on lui faisait sur cela, « qu'il fallait qu'un empereur mourût debout. » Comme il sentait que sa fin approchait : « Je crois, dit-il gaîment, que je vais bientôt devenir Dieu. » Il mourut âgé de 71 ans, le 24 juin de l'an 79 de J.-C., dans le même lieu où il était né, après un règne de dix années. L'histoire ne lui reproche que sa passion pour les femmes et pour l'argent. Il poussait ce dernier vice jusqu'à la petitesse; mais on l'excuse, en observant qu'il ne mit des impôts que pour dégager le trésor impérial, fort endetté lorsqu'il fut nommé empereur.

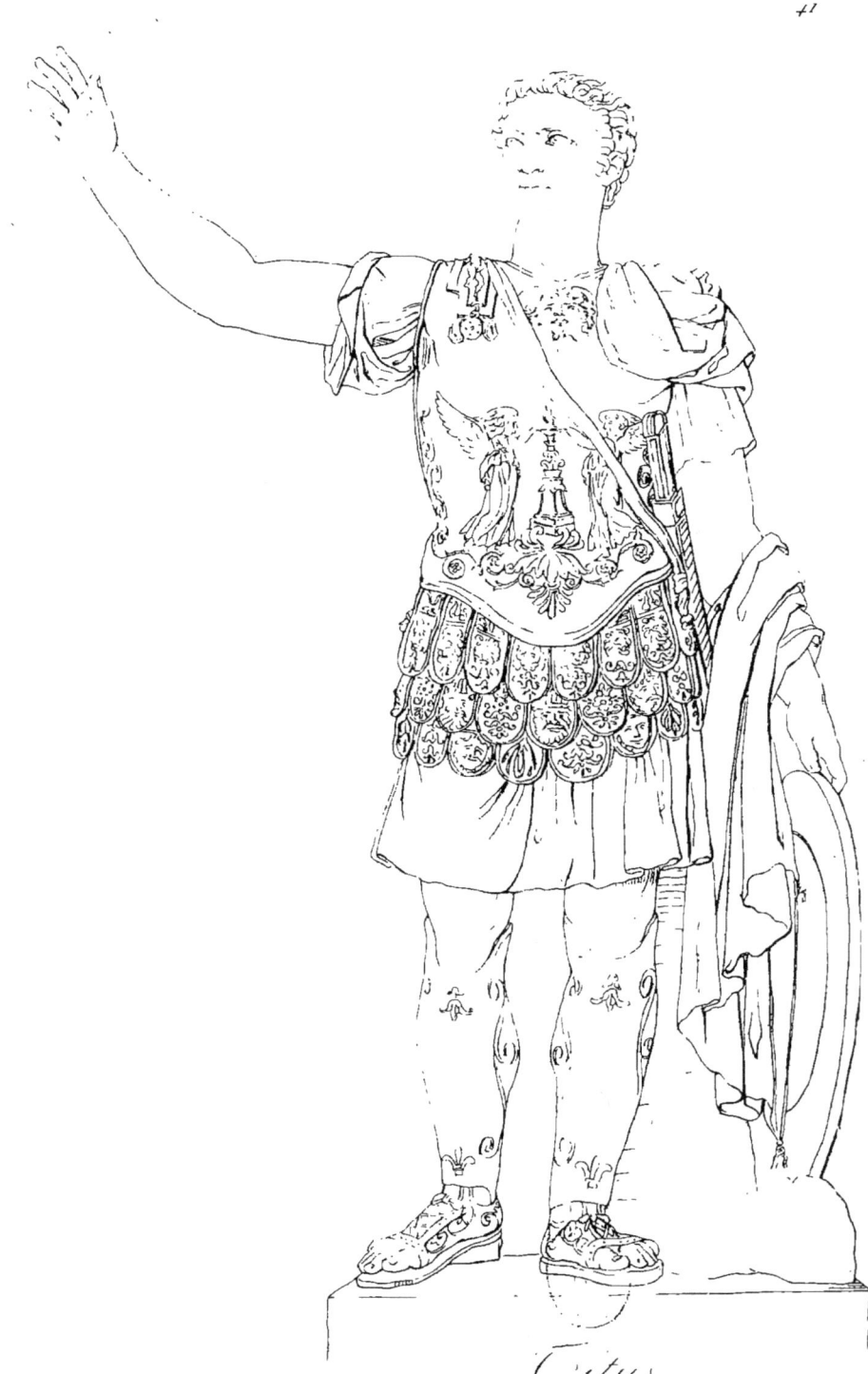

41 (Musée, n° XXIX).

TITUS.

STATUE DE GRANDEUR NATURELLE.

Marbre de Paros.

Haut. 2,004 m. — 6 pieds 2 p.

L'EMPEREUR est posé debout et vêtu en habit de guerre. Son attitude, sa tête élevée, son expression, le geste de son bras droit et la main gauche qu'il appuie sur son bouclier, tout indique ce qu'on appelle *allocution*. Les Romains donnaient le nom d'*allocutiones* aux discours que les empereurs et les généraux prononçaient à la tête des armées avant d'aller au combat, pour exhorter les soldats à se battre. On connaît plusieurs bas-reliefs antiques représentant des *allocutions*. Le prince y est figuré en habit militaire, monté sur une estrade et parlant aux soldats dont il est entouré.

Titus, fils et successeur de Vespasien, dans le court espace de son règne, qui n'a duré que deux années, consacra cependant quelques instans aux arts, il fit élever des monumens et sculpter des statues. Suivant Suétone, arrivé à l'empire, il fit ériger des monumens à Britannicus, frère de Néron, qu'il avait beaucoup aimé et avec lequel il avait été élevé. Parmi les belles pierres gravées de ce temps-là, on remarque celle de Julie, sa fille, gravée sur une aigue marine qui était au trésor de l'abbaye de Saint-Denis ; elle est d'un nommé Evodus.

Le travail de cette statue est assez semblable à celui de la statue de Marc-Aurèle, dont il a été question plus haut. Cependant il est plus simple, plus correct et plus harmonieux dans l'ensemble. La cuirasse de l'empereur est d'une richesse extraordinaire et d'une exécution parfaite; on y voit deux génies ailés, debout, entretenant sur un trépied le feu sacré, symbole de l'amitié et de l'amour que le prince avait consacré à ses sujets. Les *Cnémides* ou grévières qui couvrent ses jambes sont remarquables, en ce qu'on en voit rarement aux statues représentant des empereurs romains.

TITE (*Titus Vespasianus*), né le 30 décembre, l'an 40 de J.-C., était fils de Vespasien, son prédécesseur, et de Flavia Domitilla. Il servait avec distinction sous son père, qui, ayant été reconnu empereur l'an 69 de J.-C., l'envoya continuer le siége de Jérusalem, dont il n'avait pu se rendre maître. La pâque approchait, et un peuple innombrable s'y était rendu pour cette solennité. Le peu de vivres qu'il y avait dans la ville fut bientôt consommé; et quoique la famine augmentât tous les jours, de faux prophètes, apostés par les chefs des séditieux qui gouvernaient les assiégés, leur annonçaient une prompte délivrance. Leur obstination croissait avec leur misère qui était extrême. On vit une mère manger son propre fils. Titus ayant appris cette horreur, n'en fut que plus ardent à poursuivre le siége; après de longs travaux et de vives attaques, les Romains s'étaient emparés de tous les postes, et il ne restait aux juifs que le temple et la ville haute. Titus, maître de la première enceinte du temple, fut forcé de mettre le feu aux portes de la seconde. Il voulait conserver le corps de ce superbe édifice; mais dans un assaut qu'il y donna, un soldat en fureur jeta dans le temple même quelques pièces de bois enflammées. Le feu gagna de tous côtés, et tous les bâtimens furent réduits en cendres le 10 août de l'an 70. Tout ce qui se trouva sous la main du vainqueur fut massacré, sans distinction d'âge, de sexe ou de condition. Ceux qui étaient échappés au carnage gagnèrent le mont de Sion, et y furent massacrés le 8 septembre de la même année. Titus fit mettre le feu dans toutes les parties de la ville, acheva de faire abattre ce qui restait du temple et y fit passer la charrue. Jèsephe fait monter jusqu'à 1,300,000 les juifs qui périrent dans cette guerre, soit par le fer, soit par la peste, soit par la famine. Lorsque Titus fut dans Jérusalem, il dit, selon le témoignage du même Josèphe : « C'est sous la conduite de Dieu que nous avons fait la guerre, c'est Dieu qui a chassé les juifs de ces forteresses, contre lesquelles les forces humaines ni les machines ne pouvaient rien. » Il était si pénétré de ce sentiment, que dans la suite, lorsque les nations lui envoyèrent des couronnes pour honorer sa victoire, il déclara au rapport de Philostrate, qu'il ne méritait pas cet honneur. « Ce n'est point moi, disait-il, qui ai vaincu ; je n'ai fait que prêter mes mains à la vengeance divine. » Titus, de retour à Rome, triompha de la Judée avec Vespasien. Simon et Jean, chefs des séditieux, qu'on avait trouvés cachés dans un égout, ornèrent le triomphe, suivis de sept cents principaux captifs. On y porta avec pompe la table, le chandelier d'or à sept branches, le livre de la loi et les rideaux de pourpre du sanctuaire. L'arc de triomphe élevé pour conserver la mémoire de ce grand événement subsiste encore, et l'on y voit en bas-relief la table et le chandelier. On frappa aussi des médailles de Vespasien et de Titus, où l'on voit une femme assise au pied d'un palmier, couverte d'un long manteau, la tête penchée et appuyée sur sa main, avec cette inscription : *La Judée conquise*. Titus s'étant fait estimer des Romains autant par sa valeur que par son esprit, obtint le septre impérial le 24 juin de l'an 79 de J.-C. Ses mœurs avaient été jusqu'alors peu réglées. Sa maison, tant que vécut Vespasien, était composée en grande partie de pantomimes, d'eunuques et d'une troupe de jeunes esclaves, dont un plume chaste n'ose exprimer la destination. Ses amours pour Bérénice, célébrés par le plus élégant de nos poètes tragiques, sont connues de tout le monde parmi nous. C'est cette passion si impérieuse qu'il eut la gloire de dompter. Un des premiers usages qu'il fit de l'autorité souveraine fut de renvoyer Bérénice, qu'il aimait et dont il était aimé. On avait encore blâmé la profusion de ses repas qu'il poussait souvent jusqu'à minuit, avec des amis de table et de bonne chère. Il étendit sa réforme sur ce point comme sur les autres; il voulut que la gaîté et la liberté régnassent dans ses repas, mais sans aucune sorte d'excès; et la vertu seule donna droit à son amitié. Enfin quelques-uns l'avaient taxé d'avidité pour l'argent, et Suétonne assure qu'il entrait pour sa part dans les sordides trafics qu'exerçait son père. Mais lorsqu'il fut le maître, il effaça entièrement cette tache par des procédés non - seulement exempts de toute injuste exaction, mais généreux et magnifiques. Tel est le changement que la souveraine puissance opéra dans Titus. Il se persuada que la première place restreignait sa liberté, et qu'à mesure qu'il pouvait plus, moins de choses lui étaient permises. C'est ce qu'il répondit à un homme étonné de ce qu'il lui refusait ce qu'il avait sollicité en sa faveur auprès de Vespasien. « Il y a bien de la différence, lui dit-il, entre solliciter un autre ou juger soi-même, entre appuyer une demande ou avoir à l'accorder. » Cependant l'un des premiers actes publics qu'on vit de lui fut une confirmation des gratifications et des priviléges accordés au peuple par les autres empereurs. Sa haine pour la calomnie le rendit très-rigoureux à l'égard des délateurs. Il condamna tous ces accusateurs de profession à être fustigés dans la principale des places publiques, à être traînés de là devant les théâtres, et enfin à être vendus comme esclaves et relégués dans des îles désertes. Pour remédier plus efficacement que son père n'avait fait à la corruption des juges et à la longueur des procédures, et ordonna qu'une même cause ne serait jugée qu'une fois, et qu'il ne serait plus permis, après un nombre d'années déterminé, de plaider pour les successions. Il eut comme Vespasien un soin particulier de réparer les anciens édifices ou d'en construire de nouveaux. Après la dédicace du fameux amphithéâtre bâti par son père, il fit achever avec une incroyable diligence les bains qui étaient auprès. Il donna de magnifiques spectacles, entre autres un combat naval dans l'ancienne Naumachie. Cinq mille bêtes sauvages furent employées en un seul jour à divertir le peuple qu'il consultait toujours avant que de lui donner une fête. Sa popularité était telle, qu'il voulut que ceux qui tenaient quelque rang parmi le peuple pussent venir à ses bains et s'y trouver en même temps que lui. Il était si porté à faire du bien en tout temps, que, s'étant souvenu un jour qu'il ne s'était rencontré aucune occasion pour lui d'obliger quelqu'un dans la journée, il dit ce beau mot si connu : « Mes amis, voilà un jour que j'ai perdu!...» S'il avait sujet de se plaindre de quelqu'un, il était toujours en garde contre les accusations intentées sur cette même personne, lorsqu'elles avaient rapport à lui. « Si je ne fais rien, disait-il, qui soit digne de répréhension, pourquoi la calomnie me mettrait-elle en colère?....» Titus ne se servit jamais de son autorité pour faire mourir aucun de ses sujets. Il ne se souilla point de leur sang, quoiqu'il ne manquât pas de justes sujets de vengeance. Il assurait qu'il aimerait mieux périr lui-même que de causer la perte d'un homme. Deux sénateurs ayant conspiré contre lui et ne pouvant nier le crime dont ils étaient accusés, il les avertit de renoncer à leur dessein, leur promit de leur accorder tout ce qu'ils souhaiteraient, envoya sur-le-champ ses courriers à la mère de l'un, pour la tirer d'inquiétude, et lui annoncer que son fils vivait. Il les admit tous deux à sa table le soir même de la découverte de leur abominable complot. Le lendemain il les plaça auprès de lui à un combat de gladiateurs, et leur demanda publiquement leur sentiment sur le choix des épées, lorsqu'on les lui apporta, selon la coutume, avant que de commencer. (On attribue un pareil trait de clémence à l'empereur Nerva.) Il tint à peu près la même conduite envers Domitien, son frère, qui excitait les légions à la révolte. Sous le règne de ce bon prince, l'empire fut exposé à plusieurs calamités. La première fut l'embrasement de la plupart des villes de la Campanie par les éruptions du mont Vésuve; la seconde, l'incendie de Rome; la dernière enfin, une peste qui emporta jusqu'à mille personnes en un jour. Durant tous ces malheurs, Titus se comporta comme un prince généreux et comme un père tendre; il vendit les ornemens de son palais pour faire rebâtir les édifices publics. Rome ne jouit pas long-temps de son bienfaiteur. Titus se sentant malade se retira au pays des Sabins; mais il fut surpris en y allant d'une fièvre violente. Alors levant ses yeux languissans au ciel, il se plaignit de mourir dans un âge si peu avancé, lui qui ne jouissait de la vie que pour faire du bien. Il expira le 13 septembre l'an 81 de J.-C., âgé de quarante et un ans, après un règne de deux ans, deux mois et vingt jours. On dit que son frère Domitien, lorsqu'il le vit à l'agonie, le fit mettre dans une cuve pleine de neige sous prétexte de le rafraîchir; il y rendit le dernier soupir. A peine la nouvelle de sa mort fut connue à Rome, qu'elle y occasionna un deuil universel. Le sénat s'assembla sans être convoqué, et mit au rang des dieux celui qui avait été leur image sur la terre. L'idée attachée au nom de Titus est supérieure à tous les éloges.

42 (Musée, sans numéro).

BAS-RELIEFS ANTIQUES,

Haut. 0,310 m. — 11 pouc. 6 lig. — Larg. 0,449 m. — 1 pied 4 p. 7 l.

Marbre de Pentélie,

Placés dans le piédestal de la statue de Titus représentent le génie de l'amour et une victoire. Ces bas-reliefs, du plus mauvais goût et du travail le plus médiocre, me paraissent être les fragmens d'un tombeau. (Voyez ce que j'ai dit du n° 36.)

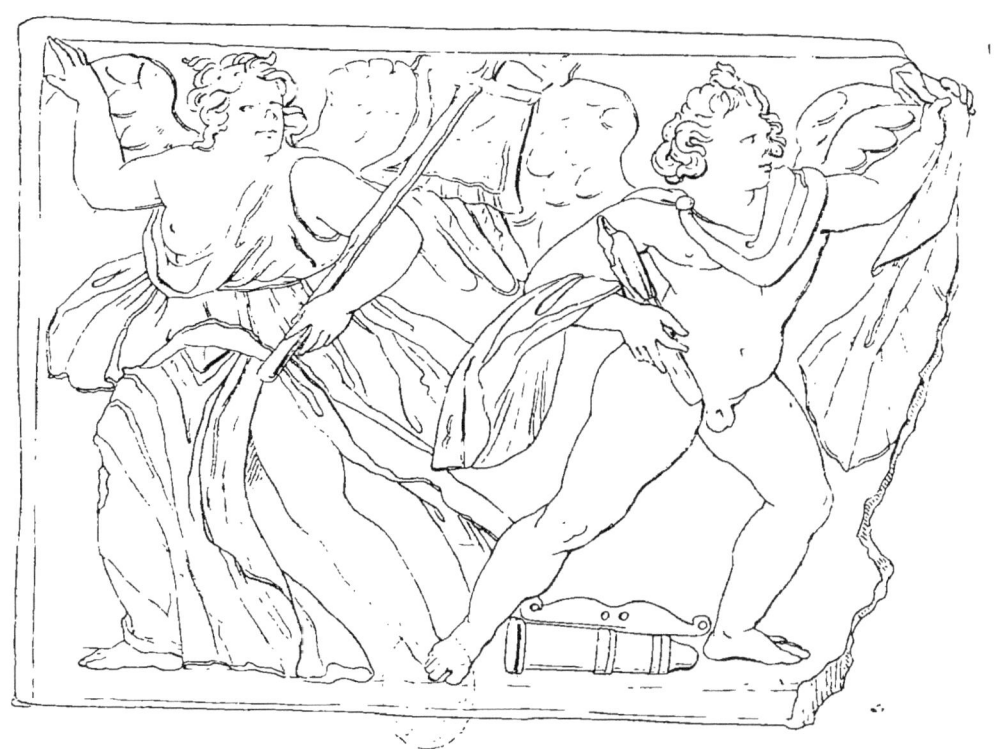

Bas Relief

43

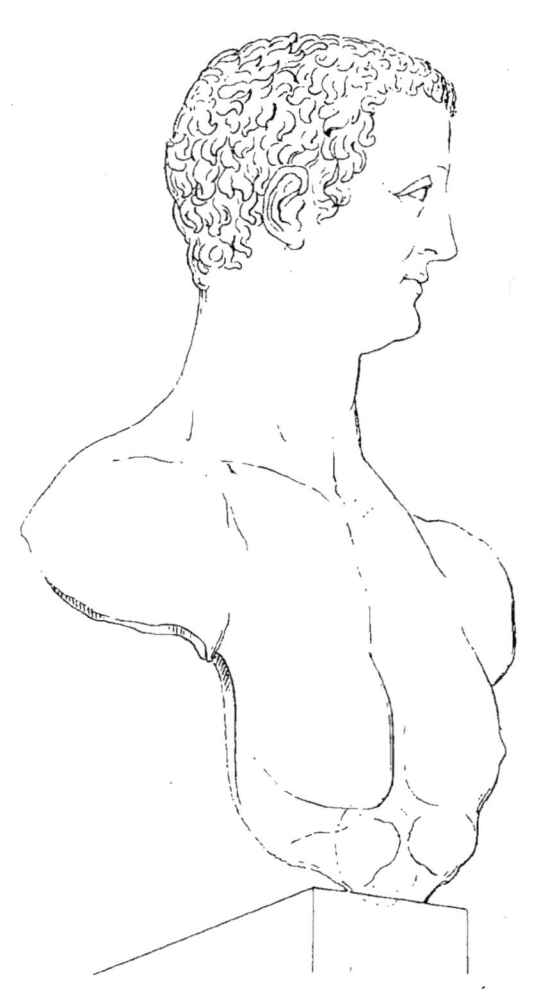

Claudius Drusus.

CLAUDIUS DRUSUS.

43 (Musée, n° XXX).

CLAUDIUS DRUSUS.

Haut. 0,785 m. — 2 pieds 5 pouc.

Ce buste est en bronze, la poitrine est remarquable par la finesse et la beauté de sa fonte. Il a été tiré de la galerie de Fontainebleau, où François 1er avait réuni plusieurs statues de bronze qu'il avait fait fondre d'après les plus belles statues antiques, par Benvenuto Cellini, pour orner la galerie de Diane. (Voyez la vie de Claudius Drusus, page 133).

44 (Musée, sans numéro).

BAS-RELIEF.

Haut. 1,078 m. -- 3 pieds 4 p. 10 l. — Larg. 0,588 m. — 1 pied 9 p. 9 l.

Ce bas-relief est le piédestal du buste de *Claudius Drusus*.

La gravure que l'on voit ici représente un autel *criobolique* et *taurobolique*, comme l'indiquent les têtes de taureau et de bélier qui sont scuplltées sur l'une des faces. Cet autel est triangulaire.

Le *criobole* se faisait à l'honneur d'Atys, comme le *taurobole* à l'honneur de Cybèle, mère des dieux; on immolait un bélier ou un mouton ; mais plus communément un bélier. On offrait quelquefois le criobole et le taurobole ensemble; et les deux emblèmes du taureau et du bélier, que l'on a sculptés sur l'autel dont il s'agit, pourraient faire supposer qu'il a été l'objet des deux sacrifices dont je parle.

Les sacrifices tauroboliques étaient offerts à Cybèle, à Atys, à Diane, à Neptune, et peut-être à Bacchus, quoiqu'on n'en parle pas; car les emblèmes qui sont sculptés sur l'autre face indiquent un sacrifice fait en l'honneur de Bacchus : on y voit un pin, la flûte de Pan qui est attachée à une branche,

43

44

D·M·I
D·INN·CONSTAN
TIO·I·MAXIMIA
NO·NOBB·CAESS
V·CON·SS·X·III·KM
IV·LVS·ITALICVS
V·C·X·VIR·S·P·T·A·R·
B·O·I·VM·PERCEPI·R···

Intel. Lampeotogne

femme Gir..

et, au pied de l'arbre, le rhyton, ou vase à boire dans lequel le dieu savourait le jus de la vigne.

Le mot taurobole signifie *effusion;* en effet, c'était une espèce de baptême de sang qui s'administrait par le sacrifice d'un taureau, en expiation de quelque crime ou pour le recouvrement de la santé. Comme ce genre de sacrifice a donné lieu à de grandes superstitions, je vais rapporter, d'après l'encyclopédie, comment on l'administrait. « On creusait une fosse assez profonde, où celui pour qui devait se faire la cérémonie, descendait avec des bandelettes à la tête, avec une couronne, enfin avec un équipage tout mystérieux. On mettait sur la fosse un couvercle de bois percé de quantité de trous. On amenait sur ce couvercle un taureau couronné de fleurs, et ayant les cornes et le front ornés de petites lames d'or. On l'égorgeait avec un couteau sacré; son sang coulait par ces trous dans la fosse, et celui qui y était le recevait avec beaucoup de respect; il y présentait son front, ses joues, ses bras, ses épaules, enfin toutes les parties de son corps, et s'efforçait à ne pas laisser tomber une goutte de sang de l'animal ailleurs que sur lui. Ensuite il sortait de là hideux à voir, tout souillé de sang, ses cheveux, sa barbe, ses habits tout dégouttans; mais aussi était-il purgé de tous ses crimes et régénéré pour l'éternité; car il paraît par les inscriptions qui nous sont restées de ces sacrifices, qu'il était pour ceux qui le recevaient une régénération mystique et éternelle. »

Les femmes recevaient cette régénération aussi bien que les hommes. On y associait qui l'on voulait, et la plupart de ces monumens taurobolraues, par les inscriptions dont ils sont revêtus, nous indiquent qu'ils ont été élevés pour intercéder la divinité en faveur de la santé d'un empereur ou pour celle d'un particulier.

45 (Musée, sans numéro).

BAS-RELIEF,

Marbre grec, qui suit l'autel taurobolique.

Haut. 0,608 m. — 1 pied 10 p. 6 l. — Larg. 0,428 m. — 1 pied 3 p. 10 l

C'EST le fragment d'un morceau plus considérable qui aurait orné la face principale d'un sarcophage, ce que l'on aperçoit facilement à l'attitude et aux vêtemens de la figure qu'il représente.

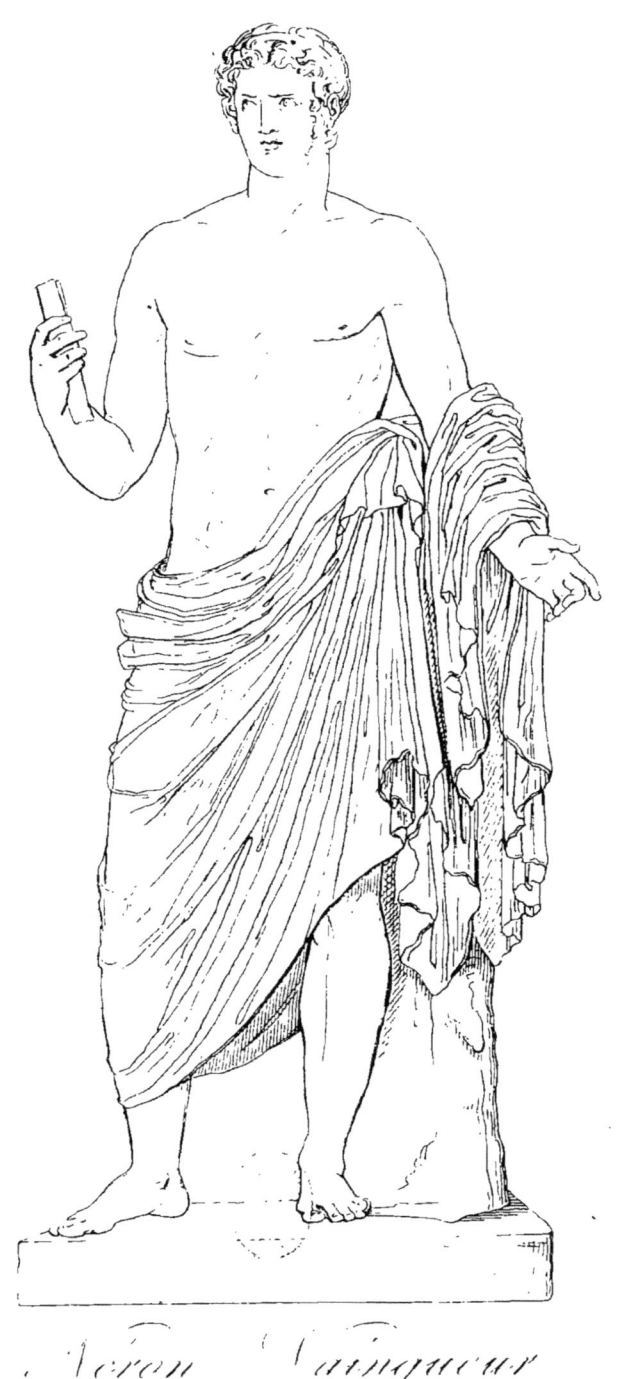

Néron Vainqueur

46 (Musée, n° XXXI).

NÉRON,

VAINQUEUR AUX JEUX OLYMPIQUES.

STATUE.

Marbre de Pentélie. De la collection d'Orsay.

Haut. 2,247 m. — 6 pieds 11 p. 0 lig.

Le règne de Néron ne fut pas avantageux aux arts. Ce prince, flottant sans cesse entre le crime et la vertu, abandonné aux caprices de ses flatteurs, se donnant en spectacle aux Grecs comme aux Romains et prodiguant sa voix sur un théâtre, ne pensait qu'à ses plaisirs et ne rêvait qu'aux moyens à prendre pour satisfaire sa cruauté. Insatiable dans ses goûts et trompant les Grecs d'une liberté apparente, il dépouilla la Grèce de ses plus beaux monumens pour en enrichir Rome. Un certain affranchi nommé Acratus et un demi savant, Secundus Carinas, qu'il avait envoyés en Grèce, ne se contentèrent pas d'exécuter ses ordres, ils renversèrent les statues qu'ils ne purent enlever et en firent rouler les débris dans des lieux immondes. Cette expédition procura à la ville de Rome les magnifiques chevaux de bronze, connus sous le nom de *chevaux de Venise*, que nous avons vus pendant plusieurs années à Paris. L'empereur les fit placer au Capitole. Ces spoliations ne furent pas plus avantageuses aux arts chez les Romains que chez les peuples qui voulurent les imiter; et, suivant Pline, sous ce prince despote et cruel l'art marchait à grands pas vers la décadence, livre XXXIV, c. 18; il dit que l'on n'entendait plus à Rome l'art de fondre le bronze et par conséquent celui de couler en fonte les statues ou les bustes. A cette occasion, Pline parle d'une statue colossale de Néron, que Zénodore, célèbre statuaire, avait modelée, dont la fonte ne réussit pas.

Il ne faudrait pas prendre tout ce que dit Pline à la lettre; car on voit des médailles de fort beau bronze qui ont été faites sous le régne de cet empereur; dailleurs la tête de la statue que nous avons sous les yeux est une preuve que l'art statuaire n'était pas encore entièrement dégradé dans Rome. L'expression est belle et vraie; les formes sont parfaitement modelées et l'exécution soignée. Le reste de la statue ne répond pas à la perfection de la tête. On y remarque des parties lourdement accusées et de grandes incorrections; la draperie est trop surchargée de plis; elle manque de jeu et présente la copie d'un mannequin et non pas celle de la nature.

Néron est représenté ici comme vainqueur aux jeux olympiques. L'érection de cette statue serait donc le résultat des flatteries qu'on lui prodiguait, car personne n'ignore qu'ayant été renversé au milieu de sa course, il ne dut le prix qu'à son rang et à la faveur? L'empereur paraît à nos yeux sous des formes héroïques, c'est-à-dire, que sans être précisément celles que l'on accordait aux divinités de première classe, elles sont réduites à un certain degré de calme, de beauté et d'expression qui n'altère en aucune manière la tranquillité de l'âme et la configuration du corps. Quant à la bandelette dont la tête de la statue est ornée, il ne faudrait pas la confondre avec le bandeau royal. Celle que l'on voit ici était l'attribut des littérateurs et des philosophes: *on ceignait le front des vainqueurs aux jeux olympiques d'une bandelette rouge*, lit-on dans l'Encyclopédie (*Dictionnaire d'antiquité*, au mot *bandelette*.)

Néron (*Domitien*), empereur romain, fils de Caïus Domitius Aenobarbus, et d'Agrippine, fille de Germanicus, adopté par l'empereur Claude l'an 50 de Jésus-Christ, lui succéda l'an 54. Les commencemens du règne du jeune empereur furent comme la fin de celui d'Auguste. Burrhus et Sénèque lui avaient donné une excellente éducation; le premier, en imprimant dans son âme ces qualités fortes et nobles qui produisent les grandes actions; l'autre, en polissant et en ornant son esprit. Les Romains le regardèrent comme un présent du ciel. Il était juste, libéral, affable, poli, complaisant, et son cœur paraissait sensible à la pitié. Un jour qu'on lui présentait à signer la sentence d'une personne condamnée à mort : « Je voudrais bien, dit-il, ne pas savoir écrire. » Une modestie aimable relevait ses qualités. Le sénat l'ayant loué sur la sagesse de son gouvernement, il répondit : « Attendez à me louer que je l'aie mérité.... » Néron ne continua pas comme il avait commencé; il secoua d'abord le joug d'Agrippine sa mère, et oublia ensuite qu'il lui devait la naissance et l'empire. Le caractère perfide et violent de cette princesse fit craindre à Néron qu'elle ne lui ôtât le trône pour le donner à Britannicus, fils de Claude, auquel il appartenait. Pour dissiper ses craintes, il le fit périr par le poison. Un crime en amène un autre. Néron, livré à la corruption de son cœur, oublia bientôt jusqu'aux bienséances. Il passait les nuits dans les rues, dans les cabarets et dans les lieux de débauche, suivi d'une jeunesse effrénée avec laquelle il battait, volait et tuait. Une nuit entre autres, il rencontra, au sortir de la taverne, le sénateur Montanus avec sa femme, à qui il voulut faire violence. Le mari, ne le connaissant point, pensa le tuer. Quelques jours après, Montanus ayant appris que c'était l'empereur qu'il avait battu, et s'étant avisé de lui écrire pour lui en faire des excuses, Néron dit : « Quoi ! il m'a frappé, et il vit encore ! » et sur-le-champ il lui envoya l'ordre de se donner la mort. Son cœur s'accoutumait peu à peu au meurtre ; enfin il fit massacrer sa mère Agrippine. Pour la faire périr d'une manière qui parût naturelle, il la fit embarquer dans une galère construite de façon que le haut tombait de lui-même et le fond s'ouvrait en même temps. Ce stratagème ne lui ayant pas réussi, il envoya son affranchi Anicet la poignarder à Bayes, où elle s'était sauvée. A peine sa mère eut-elle rendu le dernier soupir, que la nature fit entendre sa voix. Le barbare croyait toujours voir Agrippine teinte de sang, et expirante sous les coups des ministres de sa barbarie. Cependant il tâcha de se justifier auprès du sénat, en imputant toutes sortes de crimes à sa mère. « Il ne lui avait ôté la vie, écrivait-il, que pour sauver la sienne. » Le sénat, aussi lâche que lui, approuva cette atrocité. Le peuple, non moins corrompu que les magistrats, alla avec eux au-devant de lui lorsqu'il fit son entrée à Rome : on le reçut avec autant de solennité que s'il eût été de retour d'une victoire.

Néron, se voyant autant d'esclaves que de sujets, poussa le déréglement jusqu'à la folie. On vit cet empereur, comédien, jouer publiquement sur les théâtres comme un acteur ordinaire. Il croyait même exceller en cet art. Le chant était surtout sa grande passion ; il était si jaloux de la beauté de sa voix, qui n'était pourtant ni belle ni forte, que, de peur de la diminuer, il se privait de manger et se purgeait fréquemment. Il paraissait souvent sur la scène, la lyre à la main, suivi de Burrhus et de Sénèque, qui applaudissaient par complaisance. Lorsqu'il devait chanter en public, des gardes étaient dispersés d'espace en espace pour punir ceux qui n'auraient pas été assez sensibles aux charmes de sa voix. Cet empereur histrion disputait avec ardeur contre les musiciens et les acteurs. Il fit le voyage de la Grèce pour entrer en lice aux jeux olympiques, où il n'obtint le prix que par faveur, ayant été renversé au milieu de la course. Il ne laissa pas, au retour de ces exploits, de rentrer en triomphe à Rome, sur le char d'Auguste, entouré de musiciens et de comédiens de tous les pays du monde. On ne s'attendait pas qu'il pût rien imaginer au-delà de ce qu'on avait vu de lui ; mais Néron était fait pour commettre des crimes ignorés jusqu'alors. Il s'avisa de s'habiller en femme, et de se marier en cérémonie avec l'infâme Pythagore; et depuis, en secondes noces de la même espèce, avec Dariphore, un de ses affranchis. Par un retour à son premier sexe, il devint l'époux d'un jeune homme nommé Sporus, qu'il fit mutiler pour lui donner un air de femme. Il revêtit sa singulière épouse des ornemens d'impératrice, et parut ainsi en public avec son eunuque. C'est alors que les plaisans de Rome dirent « que le monde aurait été heureux si le père de ce monstre n'eût jamais eu que de pareilles femmes ». Les historiens remarquent que ses inclinations étaient peintes sur sa figure. Il avait les yeux petits et couverts de graisse, le cou gras, le ventre gros et les jambes minces. Ses cheveux blonds, et son visage plutôt délicat que majestueux, le faisaient d'abord reconnaître pour un efféminé. Sa férocité l'emportait encore sur ses infamies. Octavie sa femme, Burrhus, Sénèque, Lucain, Pétrone, Poppée sa maîtresse, furent sacrifiés à sa fureur. Ces meurtres furent suivis d'un si grand nombre d'autres, qu'on ne le regarda plus que comme une bête féroce altérée de sang. Il se glorifiait d'avoir enchéri sur tous les vices. « Mes prédécesseurs, disait-il, n'ont pas connu comme moi les droits de la puissance absolue...... J'aime mieux, ajoutait-il, être haï qu'aimé, parce qu'il ne dépend pas de moi seul d'être aimé, au lieu qu'il ne dépend que de moi seul d'être haï. » Entendant un jour quelqu'un se servir de cette façon de parler proverbiale : « Que le monde brûle quand je serai mort »; il répliqua : « Et moi je dis, qu'il brûle et que je le voie ! » Ce fut alors qu'après un festin aussi extravagant qu'abominable il fit mettre le feu aux quatre coins de Rome, pour se faire une image de l'incendie de Troye. L'embrasement dura neuf jours. Les plus beaux monumens de l'antiquité furent consumés par les flammes. Il y eut dix quartiers de la ville réduits en cendres. Ce spectacle lamentable fut une fête pour lui; il monta sur une tour fort élevée pour en jouir à son aise. Il accusa les chrétiens de ce crime, et ils furent dès lors l'objet de sa cruauté. Il faisait enduire de cire et d'autres matières combustibles ceux qu'on découvrait, et les faisait brûler la nuit, disant que cela servirait de flambeau. Ce ne fut pas seulement par cette persécution que Néron s'efforça de se disculper de l'incendie de Rome, mais encore par le soin qu'il prit de l'embellir. Il fit rebâtir ce qui avait été brûlé, rendit les rues plus larges et plus droites, agrandit les places, et environna les quartiers de portiques superbes. Un palais magnifique tout brillant d'or et d'argent, de marbre, d'albâtre, de jaspe et de pierres précieuses, s'éleva pour lui avec une magnificence vraiment royale. S'il fut prodigue pour le dedans et le dehors de cet édifice, il ne le fut pas moins dans tout le reste. Allait-il à la pêche, les filets étaient d'or trait, et les cordes de soie. Entreprenait-il un voyage, il fallait mille fourgons pour sa garde-robe seule. On ne lui vit jamais deux fois le même habillement. Suétone assure qu'au seul enterrement de son singe il employa toutes les richesses du plus riche usurier de son temps. Ses libéralités envers le peuple romain surpassèrent toutes celles de ses prédécesseurs. Il répandait sur lui l'or et l'argent, et jusqu'à des pierres précieuses; et lorsque ses présens n'étaient pas de nature à être délivrés à l'instant, il faisait jeter des billets qui en exprimaient la valeur. Cette prodigalité si avantageuse à la ville de Rome fut fatale aux provinces. Il se forma plusieurs conspirations contre ses jours. La plus connue est celle de Pison, qui fut découverte par un affranchi. Parmi les conjurés qui furent exécutés était un Subrius Flavius, tribun. Comme Néron lui demandait ce qui avait pu le porter à oublier le serment militaire par lequel il s'était lié à sa personne, il lui répondit: « Tu m'as forcé de te trahir. Aucun officier, aucun soldat ne t'a été plus attaché tant que tu as mérité d'être aimé; mon affection s'est changée en haine depuis que tu es devenu le bourreau de ta mère et de ta femme, cocher, comédien, incendiaire. » Un Sulpicius Asper, centurion, interrogé de même par Néron, lui répondit avec une égale fermeté : « J'ai conspiré contre toi par amour pour toi-même; il ne restait plus d'autre moyen d'arrêter le cours de tes crimes. » La dernière conspiration fut celle de Galba, gouverneur de la Gaule tarragonaise. Cet homme, illustre par sa naissance et par son mérite, désapprouvait hautement les vexations du prince. Néron, instruit de cette hardiesse, envoie ordre de le faire mourir; Galba évite le supplice en se faisant proclamer empereur. Il fut poussé à cette démarche par Vindex, qui lui écrivait « d'avoir pitié du genre humain, dont leur détestable maître était le fléau. » Bientôt tout l'empire le reconnaît. Le sénat déclare Néron ennemi public, et le condamne à être précipité de la roche du Capitole, après avoir été traîné tout nu publiquement, et fouetté jusqu'à la mort. Le tyran prévint son supplice, et se poignarda, l'an 68 de Jésus-Christ, dans sa trente-deuxième année. En vain implora-t-il dans ses derniers instans quelqu'un qui daignât lui donner la mort, personne ne voulut lui rendre ce triste service : « Quoi ! s'écriait-il dans son désespoir, est-il possible que je n'aie ni amis pour défendre ma vie, ni ennemis pour me l'ôter ? » Il serait difficile d'exprimer la joie des Romains lorsqu'ils apprirent sa mort. On arbora publiquement le signal de la liberté, et le peuple se couvrit la tête d'un chapeau semblable à celui que prenaient les esclaves après leur affranchissement. Le sénat n'y fut pas moins sensible; Néron avait dessin de l'abolir, après avoir fait mourir tous les sénateurs. Lorsqu'il apprit les premières nouvelles de la rébellion, il forma le projet de faire massacrer tous les gouverneurs des provinces et tous les généraux d'armée, comme ennemis de la république; de faire périr tous les exilés; d'égorger tous les Gaulois qui étaient à Rome; d'abandonner le pillage des Gaules à son armée, d'empoisonner le sénat entier dans un repas; de brûler Rome une seconde fois, et de lâcher en même temps dans les rues les bêtes réservées pour les spectacles, afin d'empêcher le peuple d'éteindre le feu. Ce ne fut par aucun remords, ni par aucun effet de sa raison, qu'il se désista de ces projets atroces et insensés, mais par l'impossibilité de les mettre à exécution. Ce prince ne laissa pas d'avoir, après sa mort, des partisans zélés qui ornèrent son tombeau de fleurs. D'autres, encore plus hardis, placèrent ses statues en robe prétexte sur la tribune aux harangues, et publièrent des édits de sa part, comme s'il eût été vivant, et qu'il eût dû bientôt reparaître pour se venger de ses ennemis. Son nom était cher à une grande partie du peuple et des soldats; plusieurs imposteurs se l'attribuèrent, comme une recommandation capable de les accréditer. Une façon de penser si étrange et si dépravée venait de la corruption générale des mœurs. Néron avait gagné les soldats par ses largesses et par le relâchement de la discipline : il avait amusé le peuple par des spectacles licencieux auxquels il prenait part lui-même d'une façon indécente. Tous les vices trouvant en lui un protecteur déclaré, les vicieux le regrettaient. D'ailleurs, ce prince entendait quelquefois raillerie; et, tout cruel qu'il était, il laissait, par lassitude du crime ou par bizarrerie, échapper quelques traits de clémence. Lorsque après le parricide d'Agrippine on eut répandu ces vers ci :

Quis negat Æneæ magnâ de stirpe Neronem ?
Sustulit hic matrem, sustulit ille patrem.

Loin de rechercher les auteurs de cette épigramme et de quelques autres vers satiriques, il empêcha, dit Suétone, qu'on punît ceux qui étaient accusés d'y avoir eu part. Ce fut une opinion assez commune dans les premiers siècles de l'Église que Néron n'était pas mort, comme on l'avait cru, et qu'il était réservé à faire le personnage de l'Antéchrist. Il reste de ce prince quelques *vers* qui ne sont remarquables que par l'enflure et un air d'affectation. Il fut le premier empereur qui employa des secours étrangers pour les discours que ces maîtres du monde prononçaient en public. Le talent et l'exercice de la parole avaient été toujours en honneur, tant à Rome que dans la Grèce, et dès le temps d'Homère l'éducation des princes avait ces deux grands objets : *bien dire et bien faire*. Sénèque prêtait sa plume à Néron, et le faisait parler ou écrire dans un nouveau genre d'éloquence qui n'était pas le meilleur. Tacite a peint ce monstre sous les couleurs les plus odieuses ; malheureusement une partie de ce tableau du plus grand des peintres ne nous est point parvenu. Suétone, par sa froide narration, ne nous dédommage pas de cette perte.

SALLE DES EMPEREURS.

47 (Musée, n° XXXII).

BAS-RELIEF.

Marbre de Pentélie.

Haut. 0,250 m. — 0 pied 9 pouc. 3 lig. — Larg. 0,541 m. — 1 pied, 8 p.

CE bas-relief, qui décore le piédestal de la statue de Néron, représente Cupidon dans un char tiré par deux dromadaires. Dans le fond du bas-relief, on aperçoit plusieurs colonnes, ce qui semblerait indiquer un temple; car plus loin on voit une colonne isolée plus basse que les autres, formant un autel sur lequel sont posés trois dauphins. Ces dauphins ne désigneraient-ils pas une fête ou un sacrifice à l'honneur du dieu Neptune, qui eut en Grèce et en Italie, et surtout dans les lieux maritimes, des temples, des fêtes et des jeux? Ainsi ce bas-relief, qui n'est que le fragment d'un plus grand, pourrait bien avoir été la représentation des jeux *isthmiques* ou du cirque, consacrés par les Romains au dieu Neptune, sous le nom d'*Hippius*, parce qu'à ces fêtes il y avait des courses de chevaux.

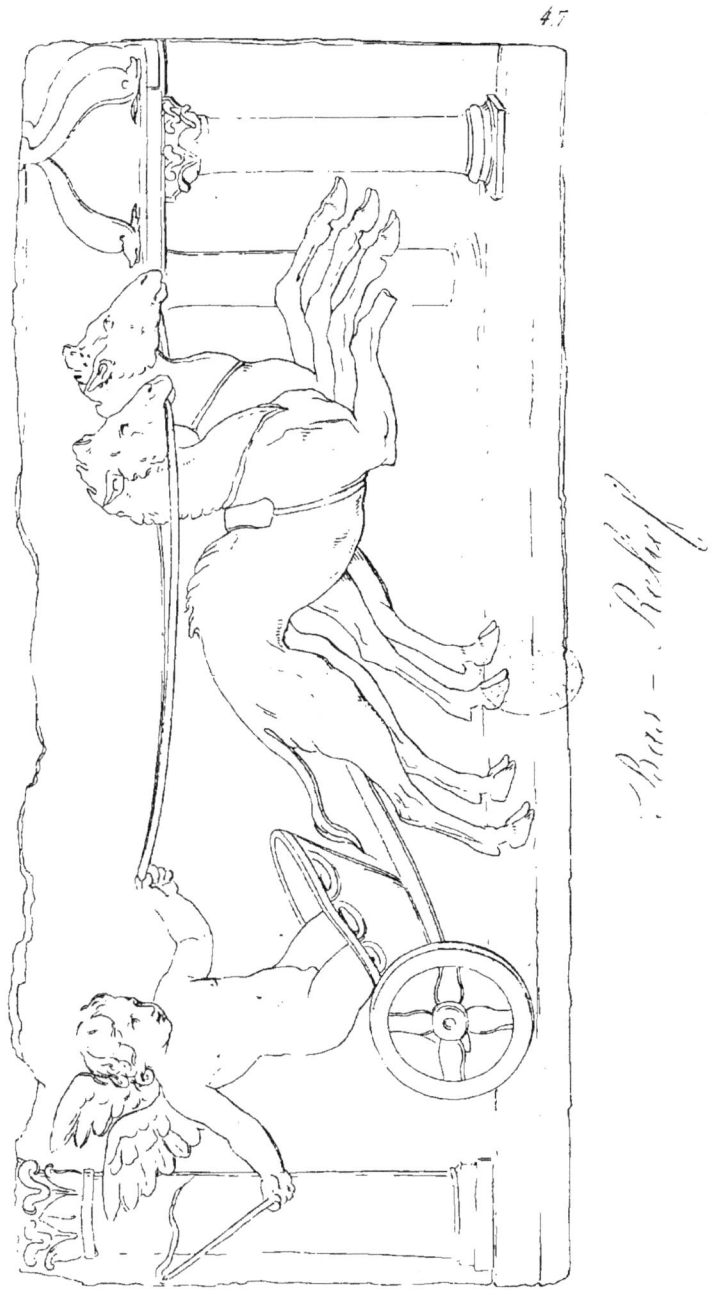

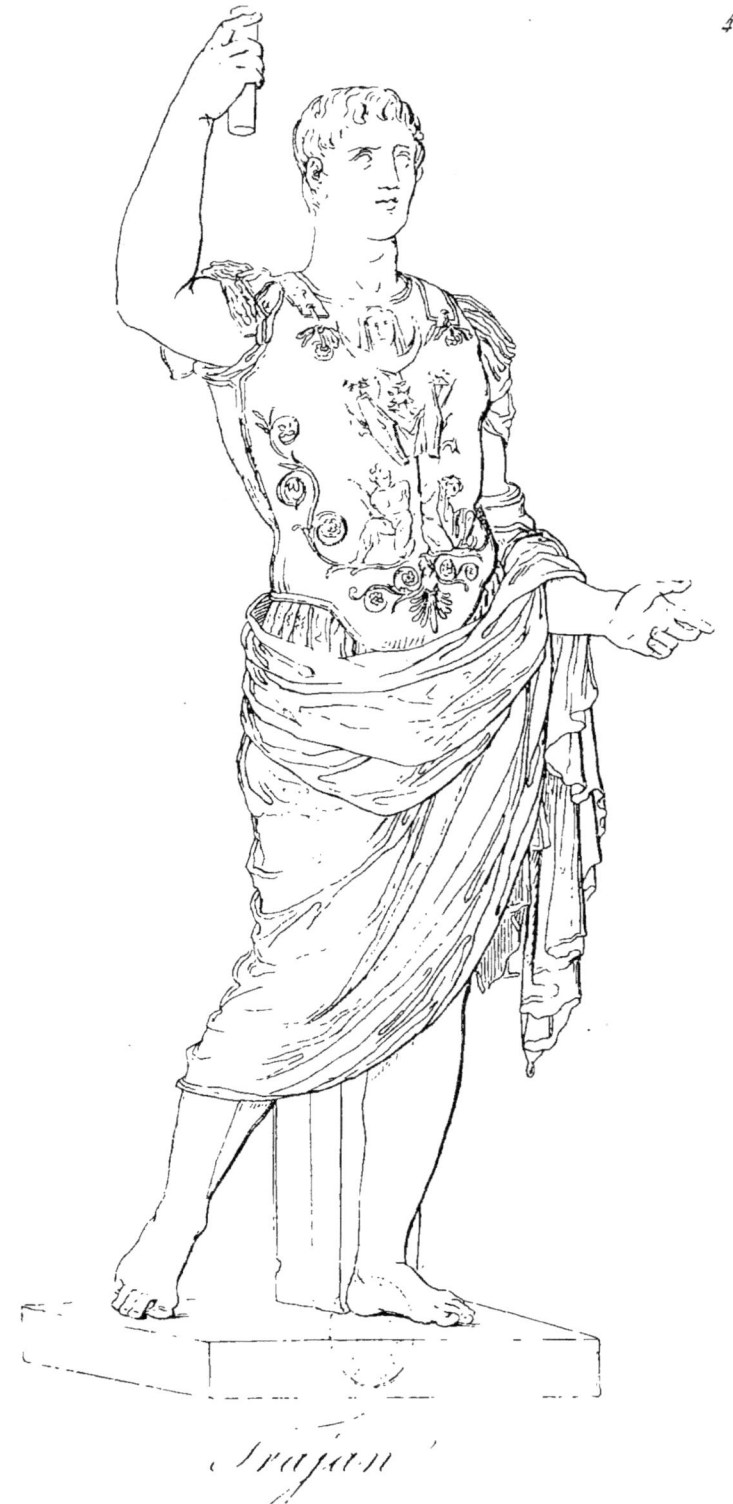
Trajan

TRAJAN.

48 (Musée, n° XXXIII).

TRAJAN.

STATUE DE GRANDEUR NATURELLE.

Marbre de Pentélie.

Haut. 2,112 m. — 6 pieds 6 p.

En montant au trône le premier soin de Trajan, après avoir rétabli les affaires de l'état romain, fût d'encourager les arts qui avaient singulièrement souffert sous ses prédécesseurs. Pline, dans le panégyrique de cet empereur, dit que, non-seulement il ne réserva pas à lui seul les honneurs de la statue, mais qu'il voulut que l'on rendît les mêmes honneurs aux hommes de mérite qui auraient rendu des services à l'État dans tous les genres. A cette occasion, Winckelmann, dans son histoire de l'art, dit que Trajan fit élever des statues à plusieurs jeunes gens qui donnaient les plus grandes espérances et qui moururent à la fleur de l'âge.

Le plus grand ouvrage qui se fit à Rome sous Trajan est la colonne qui porte son nom. Ce monument magnifique, digne de la grandeur romaine, est trop célèbre pour en parler; il suffira de rappeler à nos lecteurs qu'il était placé au milieu du Forum, que l'empereur avait fait bâtir par Apollodore d'Athènes, et que, pour en consacrer à jamais la mémoire, on avait frappé une médaille d'or dont le revers représente cette place. (Cette médaille, qui se trouve au cabinet du roi, est rare.)

L'arc de triomphe de Trajan, à Ancone, mérite d'être également cité. Au-dessus de cet arc, on voyait la statue équestre et en bronze du triomphateur, dont on ne possède plus qu'un seul pied du cheval. On considère aussi comme un des plus beaux morceaux de sculpture du même temps une tête colossale de Trajan qui porte cinq palmes romains de haut, depuis l'extrémité du cou jusqu'au sommet de la tête.

La statue de Trajan que nous avons sous les yeux est ajustée avec goût; elle est d'un bel ensemble; mais les nombreuses restaurations que l'on a été obligé d'y faire pour la mettre sur pied, font naturellement regretter ce qui a été détruit. La tête, quoique antique, a été rapportée. Le manteau qui est détaché de ses épaules, et qui tombe du bras gauche, colle sur la cuisse droite de manière à en empêcher l'action. Les plis sont trop multipliés et maigrement exécutés. On voit sur la cuirasse un trophée au pied duquel sont enchaînés deux prisonniers de guerre, et sur sa poitrine un buste en médaillon de la déesse Isis. (Voyez la vie de Trajan, page 50.)

SALLE DES EMPEREURS.

49 (Musée sans numéro).

BAS-RELIEF.

Marbre de Pentélie.

Haut. 0.622 m. — 1 pied 11 p. 0 l. — Larg. 0,541 m. — 1 pied 8 p.

Le bas-relief qui décore le piédestal de la statue de Trajan, quoique d'un travail grossier du Bas-Empire, n'est pas sans intérêt; il représente deux époux couchés sur un lit et prenant un repas.

Les Grecs étaient dans l'usage de se coucher pour prendre leurs repas. On croit que cette coutume, qui, à la vérité n'est pas commode, s'est introduite à Rome et dans tout l'empire romain par l'usage que l'on faisait du bain, après lequel on se couchait et on mangeait, sans pour cela descendre du lit.

On trouve un grand nombre de monumens antiques qui représentent de ces sortes de scènes ou repas, dont le nombre des personnages est plus ou moins considérable. La véritable manière des festins, dit Varron, est que les convives ne soient jamais moins de trois, et qu'ils n'excèdent pas le nombre de neuf. Lucius Verus fut le premier qui donna un repas de douze personnes; mais il est

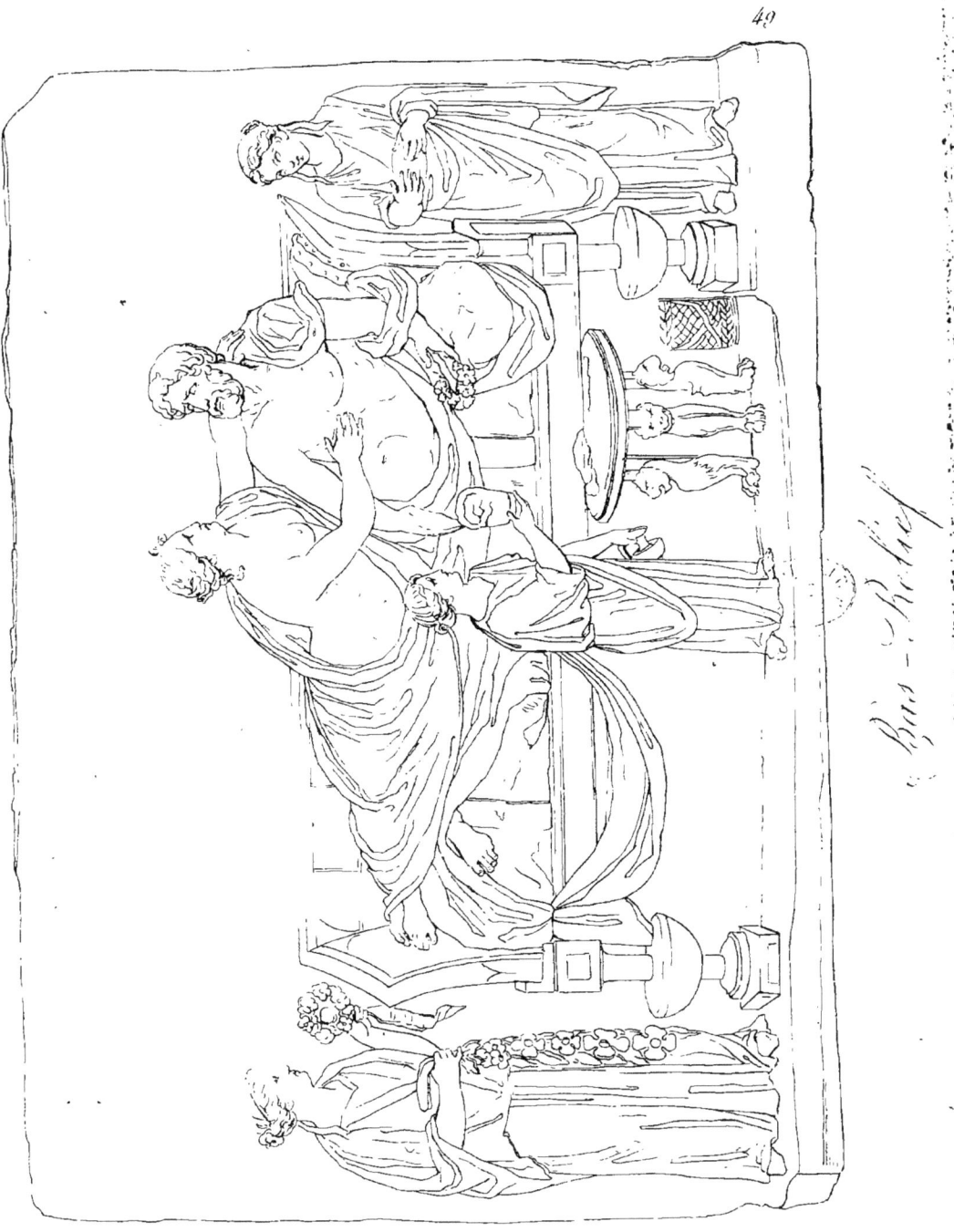

Bas-Relief

plus ordinaire de les voir sur les monumens comme celui que nous avons sous les yeux, c'est-à-dire, composé du mari et de la femme; c'est là ce que les Romains appelaient *repas de famille;* s'ils sont figurés sur des tombeaux, comme cela se trouve fréquemment, ils les désignaient par les mots CŒNÆ FERALES, ou les *repas des funérailles.*

Voici ce que dit Montfaucon, dans son *Antiquité expliquée,* en parlant d'un bas-relief antique qui représente un repas de famille. « Dans les monumens de Saint-Jean-de-Latran, quoiqu'il n'y ait que l'homme et la femme, le repas se passe en grande cérémonie : il y a quatre servantes, dont l'une porte un plat, l'autre des vases contenant la liqueur à boire, une autre couronnée de fleurs porte deux autres vases. Il y en a encore une autre assise dans une grande chaise composée de nattes entretissues, dont le dossier se termine circulairement; elle joue de la guitarre pendant le repas. On y voit encore quatre petits enfans pour le service, dont deux sont nus. Dans ces lits à deux personnes l'homme qui est du côté du chevet est ordinairement accoudé d'un oreiller.

Pour les grands repas, on faisait ordinairement usage de trois lits faits exprès; c'est-à-dire que celui du milieu en formait comme la base principale ou le fond, et les deux autres se joignaient à celui-là en formant deux avant corps ou deux angles droits. La table se plaçait dans le milieu. Cette espèce de lit se nommait *triclinion ;* ils étaient relevés par des coussins pour la commodité des convives.

Dans certains repas, chacun apportait sa serviette, qui était de toile, ainsi que les nappes ; cependant le luxe s'étant introduit à Rome dans ces sortes de festins, chacun se plut à y mettre de la magnificence. Suivant Trébellius Pollion, Heliogabale avait des nappes de toile peinte, et Gallien de drap d'or ; d'autres en avaient de laine d'un tissu très-fin ; celles d'Alexandre Sévère étaient en toile simple ou rayées de jaune. Montfaucon dit qu'Héliogabale avait des lits d'argent massif, tant pour sa chambre à coucher, que pour prendre ses repas, et qu'il faisait usage de serviettes de toile d'or. Les tables que l'on voit sur les bas-reliefs, à l'usage des repas, sont rondes, quarrées ou triangulaires.

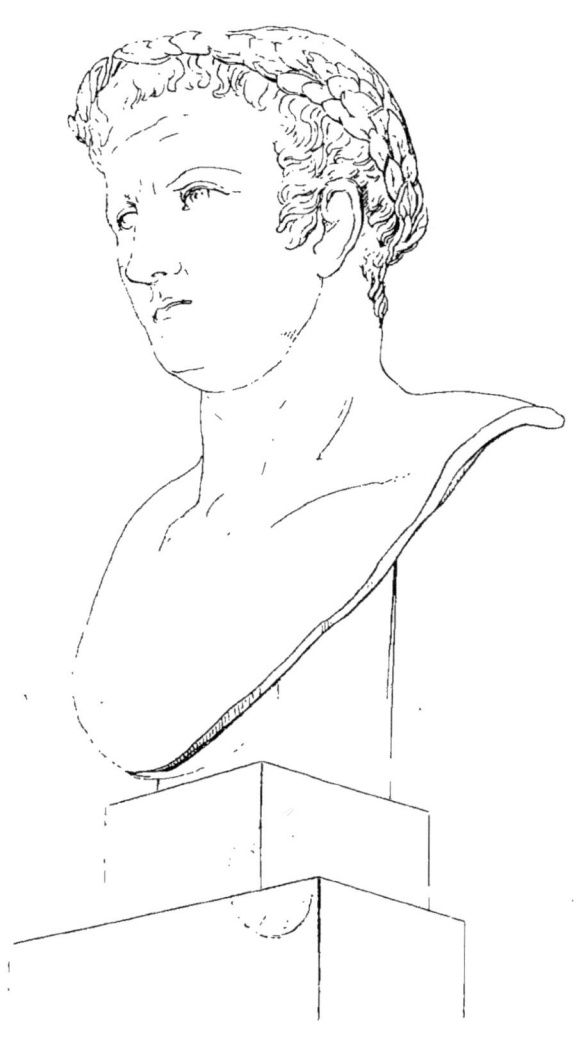

Claude

50 (Musée, n°. XXXIV).

CLAUDE.

TÊTE *en bronze.*

Haut. 0,173 m. — 2 picds 3 p.

Ce buste couronné de laurier est d'un beau travail.

Suivant Pline (*lib.* XXXV c. 36) Claude était si peu amateur des arts qu'il fit retrancher de deux tableaux les têtes d'Alexandre, qui représentaient des sujets de la vie de ce conquérant, pour en remettre d'autres à la place. Cependant on rapporte au temps de cet empereur l'exécution du beau groupe d'Arie et Pétus, parce que l'événement dont il a été le sujet s'est passé sous son règne.

(*Voyez* la vie de Claude, page 133.)

51 (Musée, n° XXXV).

CIPPE

EN FORME D'AUTEL,

Marbre blanc,

Haut. 1,018 m. — 3 pieds, 1 p. 7. lig.; larg. 0, 759 m. 2 pieds. 3 p., 8 l.

SUR lequel est posé le buste colossal et en bronze de Claude. (*Voyez* le numéro 50.)

CETTE espèce d'autel, sur sa face principale, est orné d'une inscription à l'honneur de C. Corunanius Oricula, de la tribu *pollia*, et tribun de la légion vingt-unième, surnommée la *rapace*; sur les côtés de l'autel sont sculptés une *patère* et un *præfericulum*.

On entendait par *tribuns*, chez les Romains, les chefs des administrations. Il y avait plusieurs espèces de tribuns. Savoir, 1° les tribuns du trésor, *tribuni ærarii*; 2° le commandant des célères, institués par Romulus, *tribunus celerum*, cette troupe à cheval, composée de cent jeunes gens les plus distingués de la ville, était la garde particulière de Romulus; 3° les tribuns militaires, *tribuni militum*; 4° les tribuns du peuple, *tribuni plebis*; 5° l'officier préposé aux divertissemens du peuple, *tribunus voluptatum*; 6° tribun des choses précieuses, *tribunus rerum nitentium*.

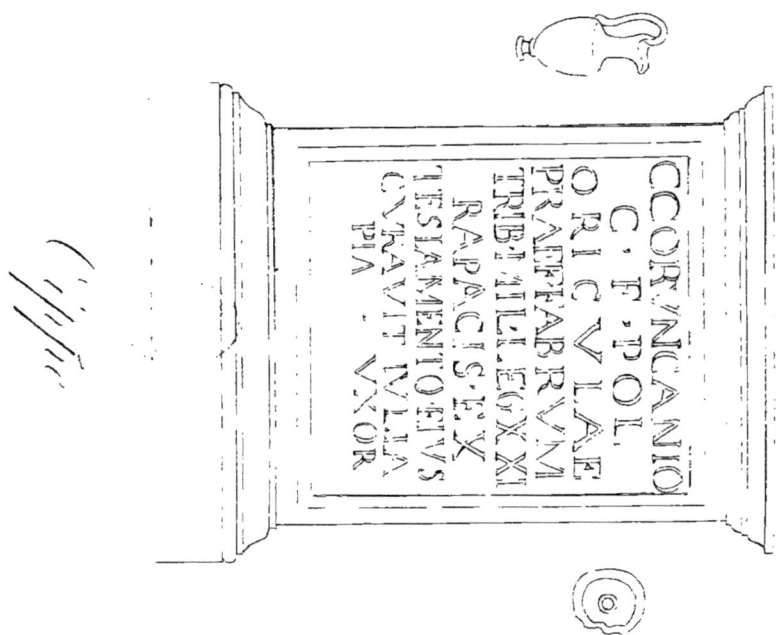

C COR NICANIO
C · F · POL
ORICVLAE
PRAEF FABRVM
TRIB · MIL · LEG · XXI
RAPACIS · EX
TESTAMENTO EIVS
CVRAVIT IVLIA
PIA · VXOR

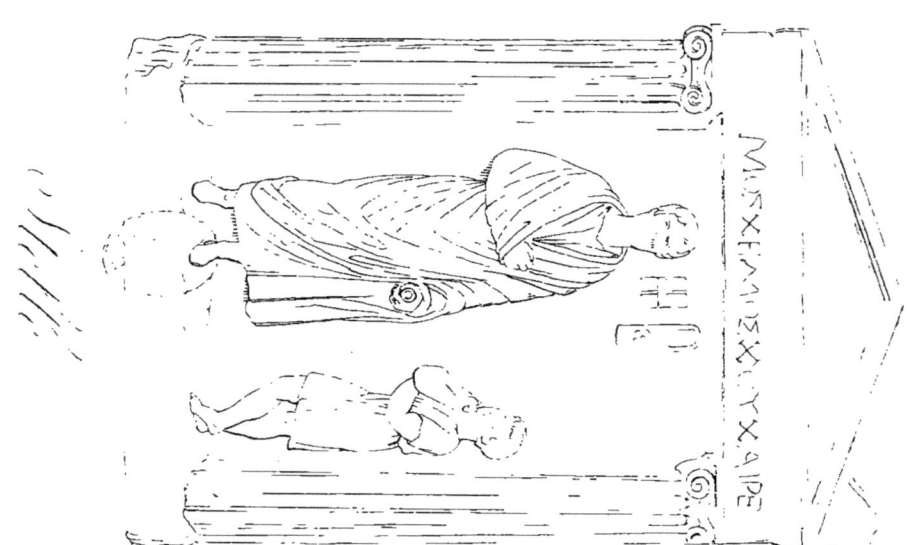

M · SXEAIDSXI · YX · AIPE

Les tribuns militaires, suivant Juste Lipse (*de militiá rom. l.* II. *dial.* 9), étaient distingués suivant leur naissance en *laticlavii* et *angusticlavii ;* ils sont ordinairement représentés vêtus et armés comme le général. On les voit sur les colonnes Trajane et Antonine placés auprès des empereurs Trajan et Antonin. On les distingue des autres officiers de l'armée par une ceinture.

Suivant Festus, le *præfericulum,* vase à l'usage des sacrifices, était large et sans anse. Cependant on en voit sur les tombeaux, sur les autels, sur les frises des temples et sur les medailles qui sont allongées et garnies d'une seule anse. Winckelmann, en parlant des vases à l'usage des sacrifices, appelle *præfericulum,* une espèce de seau de deux palmes, deux pouces de haut, qui est garni d'une anse ceintrée et mobile.

La *patère* est une espèce d'assiette, en métal ou en terre, assez creuse pour recevoir une liqueur quelconque, elle servait à recevoir le sang des victimes que l'on immolait, ou à verser le vin entre les cornes de l'animal, avant de le sacrifier.

52 (Musée, n° XXXVI).

STELE ou PIERRE SÉPULCRALE.

Marbre pentélique.

Haut. 0,731 m.—2 pieds, 3 p.; larg. 0,449 m.—1 pied, 4 p., 7 l.

La traduction littérale de l'inscription grecque qu'on lit dans la frise de ce monument est ceci : *salut Moschus, fils de Moschus.* S'il était possible de prouver que ce monument a été érigé à Moschus, poète célèbre, que l'on croit mort en Sicile, il serait du plus grand intérêt; mais comment le prouver ? Je n'ai autre chose à dire à l'avantage de cette présomption, sinon qu'il a été trouvé en Sicile et apporté en France par l'ambassadeur Nointel.

Ce poète, sur lequel l'histoire ne dit rien de particulier, était contemporain de Théocrite, de Ptolémée Philadelphe, 285 ans avant l'ère vulgaire, et travailla dans le genre bucolique; il était élève de Bion dont nous avons des poésies agréables. Rien ne s'oppose, d'après l'inscription simple ΜΟΣΧΕ ΜΟΣΧΟΥ ΧΑΙΡΕ et les attributs que l'on remarque sur le bas relief, à ce que le Moschus auquel le monument a été érigé ne soit le poète dont on vient de parler, puisqu'on remarque derrière la figure principale une écritoire ouverte, et que le personnage tient de la main droite un rouleau de parchemin, ce qui caractérise parfaitement un écrivain ou un poète.

Voici les morceaux qui nous sont restés de Moschus et qui ont été traduits par Poinsinet de Sivry.

L'*Amour fugitif*, idylle, la *Paresse*, la *Chaîne*, l'*Étoile de Vénus*, l'*Enlèvement d'Europe*, les *Funérailles de Bion*, le *Fleuve Alphée*, idylle, une épigramme, la *Vie de Tyrthée*. L'édition de ce poète donnée par Daniel Heinsius est très-estimée.

Ce petit tombeau de marbre est d'assez bon goût, dit Caylus; il représente une figure drapée et en pied, avec un jeune esclave également debout. Ces deux figures ne fournissent aucune matière à la réflexion, pas même à la conjecture. J'aurais voulu pouvoir comprendre quelque chose aux espèces de formes ou de traits dessinés à côté de la figure principale et sur son champ, je l'aurais d'autant plus désiré que les espèces de caractères qui désignent peut-être la profession m'ont rappelé les monumens étrusques et sur lesquels j'en ai vu plusieurs fois de pareils, ou du moins de fort approchans, et constamment placés de la même manière. L'inscription sépulcrale, qui n'apprend rien, se trouve déjà dans les antiquités de la Gaule de Maffei.

A la vérité les accessoires qui se dessinent sur le fond du bas relief sont frustes et mal formés, mais si Caylus s'était donné la peine de les examiner, il aurait reconnu, comme je l'ai dit, une écritoire et un rouleau de parchemin

53 (Musée n° XXXVII).

CALIGULA.

STATUE DE GRANDEUR NATURELLE.

Marbre de Pentélie.

Haut. 1,95, m.—5 pieds, 11 p., 10 l.

On serait dans l'erreur, si on supposait que Caligula aimait les arts parce qu'il fit faire, pour l'usage de son cheval, une écurie de marbre, une auge d'ivoire sculptée, une couverture d'or et un collier de perles fines; ce n'est qu'un acte de démence comme tant d'autres qui le caractérisent. Ce n'était pas non plus par amour des arts qu'il ordonna de renverser et de briser les statues des grands hommes, placées dans le champ de Mars par Auguste; ce n'était pas par amour pour les arts qu'il envoya en Grèce Memmius Régulus, après lui avoir ravi sa femme, pour enlever les bronzes, les bas-reliefs et les statues, car à l'arrivée dans Rome des chef-d'œuvres de l'antiquité, il fit supprimer les têtes des plus belles statues représentant des divinités, pour y substituer la sienne. (*Voyez* Suétone, *Calig*.... c. 34 et 22.)

La statue de cet empereur que l'on voit ici, le représente dans une attitude sage et tranquille, ce

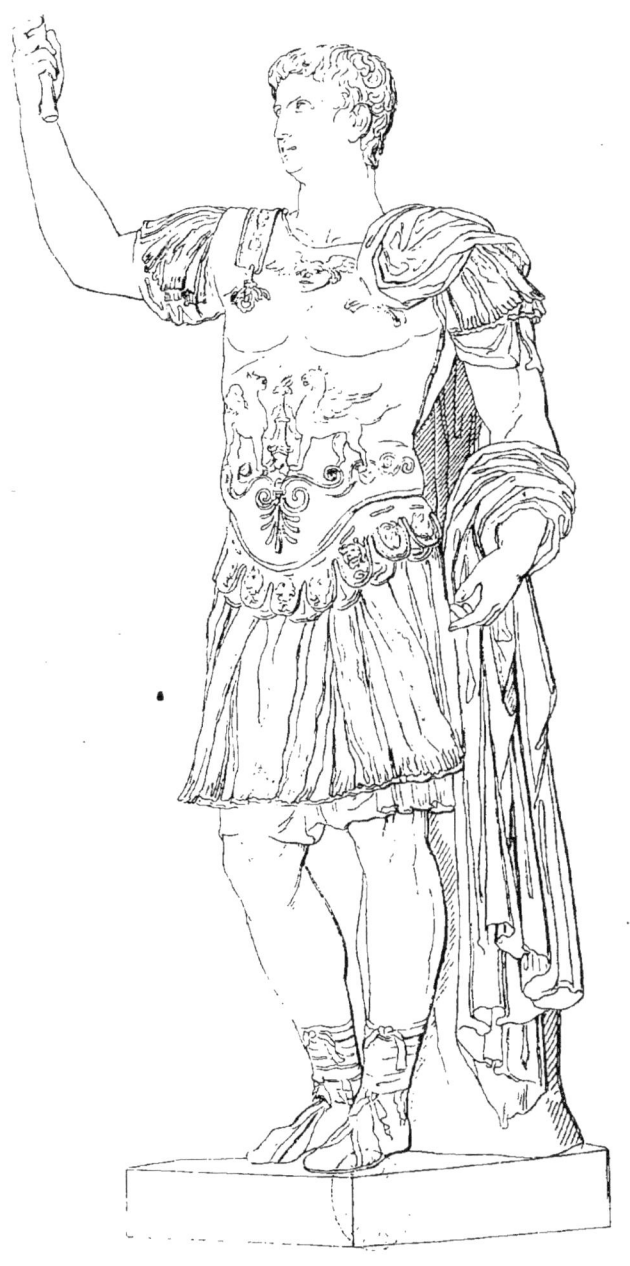

Caligula

qui m'autorise à croire qu'elle a été sculptée dans la première année de son règne, c'est-à-dire lorsqu'il était encore vertueux; elle est expressive et d'une exécution agréable, facile et soignée. Sur la cuirasse, on remarque deux griffons qui posent chacun une pate sur un autel triangulaire.

Les portraits de Caligula sont très-rares, dit Winckelmann; à Rome on n'en connaît que deux, l'un en basalte noir qui est au cabinet du Capitole, et l'autre en marbre blanc, qui est placé dans la villa Albani; il représente ce prince en grand-prêtre, la tête couverte d'une draperie.

Caligula (Caïus-César), empereur Romain, successeur de Tibère, né à Antium, l'an 13 de J.-C., fils de Germanicus et d'Agrippine, fille de Julie et du grand Agrippa. Cet insensé, s'imaginant qu'il était honteux pour lui d'avoir un homme tel qu'Agrippa au nombre de ses aïeux, faisait sortir Agrippine, sa mère, d'Auguste et de Julie sa fille. Tibère l'adopta de bonne heure. Il n'avait que vingt-cinq ans lorsqu'il fut proclamé empereur l'an 37 de J.-C. Les commencemens de son règne annoncèrent au peuple romain des jours fortunés. Il promit au sénat de partager avec lui le gouvernement, et de se regarder comme son fils et son élève. Il rendit la liberté aux prisonniers, rappela les exilés, brûla tous les papiers que Tibère avait rassemblés contre eux. Il réforma l'ordre des chevaliers, abolit les impôts, bannit de Rome des femmes qui avaient trouvé de nouveaux raffinemens de débauche. Rome l'appelait, d'une commune voix, le modèle des princes; mais on rétracta bientôt ces éloges précipités. Une maladie le changea totalement. Ce prince, qui pendant huit mois entiers avait promis tant de gloire et de félicité, devint un tyran, un monstre, un lâche, un insensé. Son orgueil monta à son comble. Il se vantait d'être le maître de tous les rois de la terre, et regardait les autres princes comme de vils esclaves. Il voulut être adoré comme un dieu. Il paraissait tantôt avec des ailes aux pieds, et un caducée à la main, comme Mercure; tantôt sans barbe, avec une couronne de rayons sur la tête, un arc et des flèches, comme Apollon; tantôt comme Mars, avec l'épée, le bouclier, le casque et une grande barbe. Il fit ôter les têtes des statues de Jupiter et des autres divinités, pour y mettre la sienne. Il se bâtit un temple, se nomma des prêtres, et se fit offrir des sacrifices. Il s'initia lui-même dans ce collége sacerdotal, y associa sa femme et son cheval. Le nouveau Jupiter, pour mieux mériter ce titre, voulut imiter les éclairs et les foudres. Dans les orages, il faisait un bruit semblable à celui du tonnerre avec une machine, et lançant une pierre contre le ciel, il s'écriait : « Tue-moi, ou je te tue ! » Dion rapporte qu'un Gaulois le voyant un jour assis sur un trône, où il faisait le Jupiter, ne put s'empêcher d'en rire. Caligula le fit venir, et lui demanda ce qu'il croyait qu'il fût? Le Gaulois lui répondit : « Un grand fou. » C'était un homme du peuple, Caïus ne le punit pas de cette liberté. Ses extravagances ne se bornèrent pas à la manie de passer pour un dieu; il détruisit les statues et les images des grands hommes, fit ôter de toutes les bibliothèques de la ville les bustes d'Homère, de Virgile, de Tite-Live, et enleva aux familles tous les monumens de la vertu de leurs ancêtres. Les débauches les plus infâmes et la cruauté la plus barbare vinrent ajouter l'horreur à tous ces ridicules. Amant incestueux de ses trois sœurs, il parut avec elles en public dans des postures infâmes. Il déshonora les femmes de Rome les plus qualifiées, en présence même de leurs maris. Il établit des lieux publics de prostitution dans son palais, y plaça une académie de jeu, et tint même école de friponnerie. Un jour, manquant d'argent, il quitta les joueurs, descendit dans sa cour, y fit tuer sur-le-champ plusieurs personnes distinguées, et rapporta six cent mille sesterces. L'effusion du sang humain était pour lui le spectacle le plus agréable. Deux consuls, entre lesquels il était assis, le voyant éclater de rire, lui en demandèrent la raison. « Je ris, leur répondit-il, parce que je songe qu'à l'instant même je puis vous faire égorger tous deux. » S'étant mépris dans une exécution, et un autre que le condamné ayant souffert la mort, il dit : « Qu'importe ? l'autre ne l'avait pas plus méritée que lui. » Un chevalier, exposé sans sujet aux bêtes, cria qu'il était innocent. Caligula le fit sortir de l'arène, commanda de lui couper la langue et le fit ensuite dévorer. Les parens étoient forcés d'assister au supplice de leurs proches et de plaisanter avec eux. C'était, dit Montesquieu, un vrai sophiste dans sa cruauté. Comme il descendait également d'Antoine et d'Auguste, il disait « qu'il punirait les consuls, s'ils célébraient les jours de réjouissance établis en mémoire de la victoire d'Actium, et qu'il les punirait s'ils ne la célébraient pas. » Drusille, sa sœur, à qui il accorda les honneurs divins, étant morte, c'était un crime de la pleurer, parce qu'elle était déesse, et de ne la point pleurer parce qu'elle était sa sœur. Le triste plaisir de voir souffrir le flattait tellement qu'il s'amusait à faire donner la question ou mettre sur la roue des malheureux. On le vit fermer des greniers publics, et se plaire à voir dans Rome un commencement de famine. Ce monstre portait la démence de la rage jusqu'à dire « qu'il eût voulu que le peuple Romain n'eût eu qu'une tête, afin de pouvoir la couper d'un seul coup. » Une famine, une peste, un incendie, un tremblement de terre, la perte d'une de ses armées, étaient l'objet de ses vœux les plus ardens. Il ordonna qu'on nourrît d'hommes vivans les bêtes sauvages réservées aux spectacles. Il n'y eut que les brutes qui n'eurent point à se plaindre de lui. Son cheval, nommé Incitatus, fut nommé pontife, et il voulait le faire consul. Il jurait par sa vie et par sa fortune; il lui fit faire une écurie de marbre, une auge d'ivoire, des couvertures de pourpre, et un collier de perles. Ce cheval, digne convive de Caligula, mangeait à sa table. L'empereur lui-même lui servait de l'orge dorée, et lui présentait du vin dans une coupe d'or, où il avait bu le premier. Ce fou atroce fut assassiné par un tribun des gardes prétoriennes, en sortant du spectacle, après un règne de près de quatre années, l'an 41 de J.-C. On fit porter son corps dans un jardin, où ses sœurs ne le brûlèrent qu'à demi, et l'enterrèrent précipitamment, de peur que la populace n'outrageât son cadavre. Comme il n'avait paru sensible ni à la mort de sa mère, ni à celle de ses frères ordonnée par son prédécesseur, ni même à aucun des outrages personnels qu'il en avait reçus, on dit de lui qu'il n'y avait jamais eu un meilleur esclave, ni un plus méchant maître. Il tint le glaive suspendu sur le peuple Romain tout entier. Implacable dans ses vengeance, et bizarre dans ses cruautés, son nom présente l'idée du plus abominable des hommes. Sa figure répondait assez aux vices de son âme. Il avait le regard terrible (ce qu'il affectait pour inspirer de la crainte). Montesquieu, après avoir décrit le règne de ce misérable, s'écrie. « C'est ici qu'il faut se donner le spectacle des choses humaines. Que l'on considère dans l'histoire de Rome tant de guerres entreprises, tant de sang répandu, tant de grandes actions, tant de triomphes, de sagesse, de constance, de courage. Ce projet d'envahir tout, si bien formé, si bien soutenu, si bien accompli, à quoi mena-t-il l'empire Romain ? à être la proie de cinq à six monstres.

Genie des Weinbaues.

54 (Musée n° XXXVIII).

BAS-RELIEF.

Marbre de Pentélie.

Ce bas-relief, dont l'exécution date du Bas-Empire, fait l'ornement du piédestal de la statue de Caligula; il représente des petits enfans faisant la vendange; ce qui m'autorise à dire qu'il n'est qu'une partie d'un bas-relief plus grand. On y voit Bacchus indien et barbu tenant à la main un broc que l'on suppose rempli de vin ; et des amours occupés de la vendange. L'un d'eux boit à même le cratère qui contient le raisin qu'un amour foule avec le pied droit; un autre, moins avide que le premier, porte à la bouche la main qu'il vient de tremper dans la liqueur ; au-dessous de lui est un enfant dont la souplesse des mouvemens annonce un commencement d'ivresse , tandis que de l'autre côté on en voit un autre debout sur ses petites jambes qu'il écarte. D'une main il s'appuie sur un autel qui est près du vase, trousse son vêtement, et pisse. Ce trait de gentillesse et de naïveté était sans doute connu du Poussin, qui l'a imité dans l'un de ses tableaux du Musée du Roi, représentant le *frappement du rocher*. Cet épisode charmant a d'autant plus d'expression dans la circonstance, que sa mère, qui est près de lui, lui a donné à boire avant de se désaltérer elle-même. Ici les attitudes ont de la grâce et sont agréables ; le dessin a du caractère, quoique l'exécution de la sculpture soit médiocre.

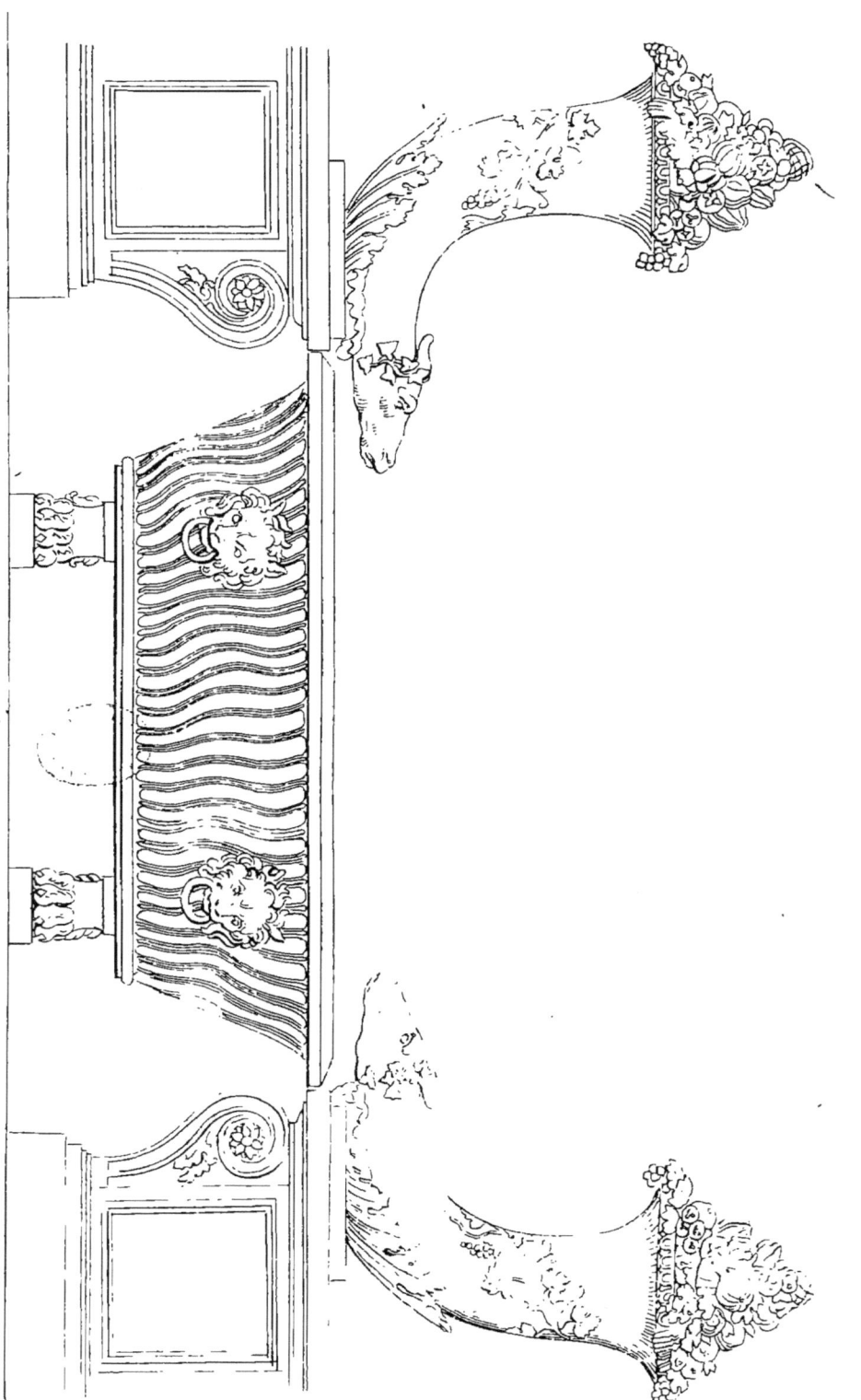

RHYTONS.

55 (Mûsée n° XXXIX).

RHYTONS,

OU VASES A BOIRE *d'une proportion colossale*,

Formant cornes d'abondance, sculptés en marbre de Pentélie, terminés par des têtes de taureaux, et ornés de branches et de feuilles de lierre délicatement dessinées, et travaillées avec goût.

Elle a de haut 1,067 m.—3 p. 3 p.;—de long. 2,360 m.—7 p. 3. p. 2 l.; et larg. 1,126 m. — 3 p. 5 p. 7. l.

Le Rhyton se voit sur beaucoup de monumens antiques et particulièrement sur les bas-reliefs et les vases grecs peints. Sa forme est généralement celle d'une corne, et on en voit dont l'extrémité représente des têtes d'animaux tels que le taureau, le bélier, le porc ou le sanglier. On en faisait usage dans les fêtes de Bacchus comme dans les repas, et le dieu du vin paraît souvent soit en statue, soit dans les bas-reliefs, avec un Rhyton à la main. Aucun doute que ceux que l'on voit ici n'aient été faits en l'honneur de Bacchus.

Les Gaulois comme les Francs buvaient dans des Rhytons, comme on le voit par les monumens, et on s'en servait encore en France dans le seizième siècle. (*Voyez*, à la bibliothèque du roi, les peintures qui ornent les manuscrits de ce temps là. Je possède deux rhytons en verre du seizième siècle.)

Les groupes de fleurs et de fruits qui couronnent les deux rhytons que l'on voit ici sont modernes; il paraît que l'on a eu l'intention de figurer la *corne d'abondance.* La corne de la chèvre Amalthée, mère nourrice de Jupiter, dont on a fait la *corne d'abondance,* suivant les anciens, est remplie de fruits de toutes espèces, de pierres précieuses, d'un rayon de miel, de mines d'or, d'argent, et en général de toutes les productions de la terre.

On dit qu'Hercule chérissait singulièrement Amalthée, et qu'il portait partout avec lui la corne d'abondance. On fait aussi Amalthée fille d'Ammon, et on dit que cette princesse avait une corne de taureau qui avait la vertu de fournir à celui qui la possédait tous les alimens qu'il désirait. On conçoit l'origine de cette fiction faite sur la belle étoile du cocher, qui appuie son pied gauche sur la corne gauche du taureau céleste que le soleil couvre de ses feux au printemps, lorsque la terre fait éclore de son sein tous les biens en abondance.

Ces deux rhytons sont posés sur une belle cuve de marbre de Luni, ornée de cannelures et de têtes de lions. Ce monument, entièrement évidé dans l'intérieur, paraît avoir servi à recevoir les seaux d'une fontaine. Cette espèce d'abreuvoir se posait ordinairement à l'entrée des maisons, ou dans les cours qui précédaient les habitations, où ils servaient aux usages domestiques. On en plaçait aussi de semblables dans l'intérieur des temples; ils servaient aux sacrifices, sous le nom de *labrum*. En Égypte, le lion était le symbole du débordement du Nil, parce que ce fleuve commençait à gonfler ses eaux au moment où le soleil entrait dans le signe du lion. Ce phénomène, dont le résultat était la fécondation des terres qui environnent le Nil, a fait considérer le lion comme une divinité bienfaisante de l'Egypte. Son image s'est multipliée, et on la vit décorer les temples, les places publiques et les fontaines. C'est sans doute par imitation de l'usage qui était commandé en Egypte par la religion que l'on voit assez communément, chez les peuples anciens comme chez les peuples modernes, les fontaines ornées de mufles de lions.

56 (Musée , n° XL).

GRAND MÉDAILLON.

Marbre de Pentélie,

Sculpté en demi-bosse et ainsi désigné :

L'ESPAGNE.

Haut. 0.850 m. — 2 pieds 7 p. 5 l. — Larg. 0,731 m. — 2 pieds 5 p.

CETTE tête colossale, d'un caractère admirable et d'une grande et belle manière de faire, couronnée de raisins, de feuilles de vigne, de fleurs et de laurier, représente le dieu Bacchus sous les traits gracieux d'une femme.

Les Grecs reconnaissaient dans Bacchus la nature de la végétation universelle, et ils voyaient en lui la divinité qui embellit la nature et la féconde au printemps pour la rendre plus utile encore en automne en la couvrant de blé ou de fruits. Ils représentent donc ce dieu sous les traits d'un beau jeune homme qui sent pour la première fois le besoin d'aimer : des fruits, des raisins, et souvent du lierre, ornaient sa belle chevelure blonde : on lui donnait aussi une couronne de laurier comme à Apollon.

56

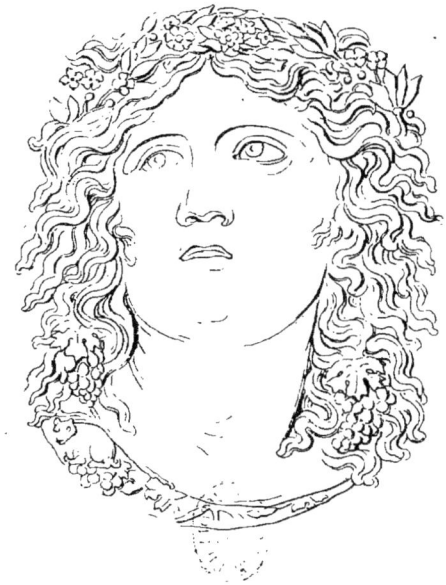

D.ᵉ d'Espagne

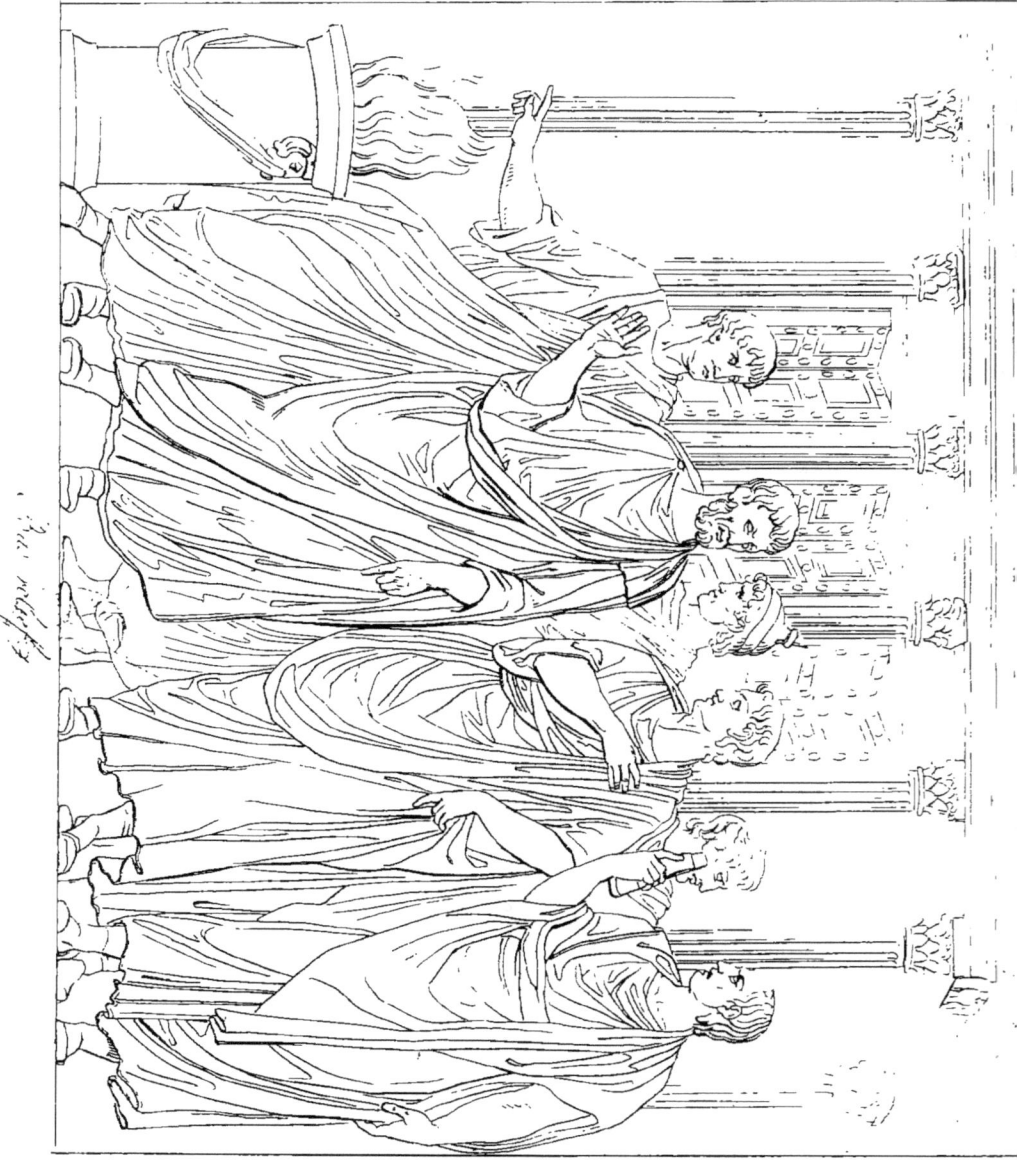

Bacchus était le symbole de la fécondité ; et pour l'exprimer l'auteur de ce superbe ouvrage n'a pas oublié de sculpter, au dessus du cou et à gauche du médaillon, un *laptn*, qui est l'animal le plus productif (1). Cet ingénieux emblème a été répété par le grand peintre Raphaël, dans son tableau de la création de l'homme et de la femme, qui se voit à Rome au Vatican. Il a placé un lapin, aux pieds d'Adam, pour exprimer que de lui devait naître la génération universelle.

Il est inutile de répéter que la beauté parfaite était un des caractères particuliers de Bacchus, et que les grecs le représentaient sous les traits d'une Androgyne, c'est-à-dire homme et femme; il suffira de jeter un coup d'œil sur la belle figure que nous avons sous les yeux pour être convaincu. Cette tête est du plus beau temps de l'art grec.

---

(1) Quoi qu'il y ait un *lapin* sur quelques médailles d'Espagne, ce n'est pas une raison pour dire que ce médaillon représente l'*Espagne*.

57 (Musée , n° XLI).

GRAND BAS-RELIEF.

Marbre de Pentélie ,

Haut. 1,968 m. — 6. p. o p. 8 lig.; larg. 2,478 m. 7. p. 7. p. 2 l.

Ce bas-relief, d'un beau style et d'un beau dessin, représente cinq sénateurs à la tête desquels on voit un personnage qui pourrait bien être un consul. Ils paraissent dans la position de rendre grâces aux dieux , pour sanctifier un *sénatus-consulte* qui aurait été nouvellement rendu. Tous sont tournés vers un autel dont la flamme suffit pour indiquer l'action qui se passe. Le consul est dans la posture de demander l'avis des sénateurs : celui qui marche après lui met la main sur sa conscience, en témoignage de son approbation ; le suivant tient à la main un rouleau qu'il montre, et que l'on peut considérer comme le sénatus-consulte dont il s'agit. Le premier sénateur indique l'autel sur lequel on doit sacrifier, et ceux que l'on voit sur le second plan paraissent partager l'avis des autres.

Je ne doute pas que ce bas-relief soit la représentation d'un fait historique ; mais comme la totalité des têtes a été refaite par des restaurateurs modernes, il est impossible de reconnaître aucun des individus que l'on a mis originairement en action. Le temple que l'on voit dans le fond pourrait bien être celui de Cérès, parce que c'était l'usage à Rome de déposer les lois dans un temple consacré à cette déesse. Il est carré long, selon la forme reçue chez les Grecs; par-devant on y voit les cinq entrecolonnemens et six colonnes, qui, selon Vitruve (*lib. III. c.* 3) doit avoir le double entrecolonnement sur les côtés.

Tous les sénateurs qui sont figurés ici portent la toge; nous allons dire un mot de ce vêtement.

Ce vêtement civil des Romains, comme on le voit ici, se compose de deux pièces; de la *tunique* et de la *toge.* La *toga*, toge, était à Rome le vêtement distinctif du citoyen : il était défendu aux esclaves de s'en servir; c'est pour cette raison que dans les fêtes saturnales personne ne portait la toge : ceux qui perdaient leur titre de citoyen ne pouvaient plus la porter. Les Romains portaient la toge seulement à la ville, jamais à la campagne, et s'en dépouillaient dans l'intérieur de leurs maisons. Les empereurs mêmes s'honoraient de la *toga*, et ne portaient point d'autre vêtement : *lorsque les empereurs sont représentés avec une partie de la toge relevée sur la tête, ils désignent par cet ajustement la dignité sacerdotale.* Enfin, la toge était un vêtement si distingué à Rome, qu'elle devait prendre sur le corps telle ou telle forme et présenter tel ou tel plis, et on avait donné un nom particulier à chacun de ses plis. — Les plis de la toge qui descendaient de l'épaule gauche sous le bras droit, en traversant la poitrine, s'appelaient *baltei*. Ceux qui étaient formés par le rappel des pans inférieurs sur le *balteus*, à la hauteur du nombril, se nommaient *umbo*. Le *sinus* était toute la masse des plis formés sur la poitrine et le ventre. On ne voit pas ici la masse des plis nommés *umbo*, comme elle se présente sur quelques statues du Musée; par cette raison la toge est plus traînante.

L'abbé Winckelmann, dans son *Histoire de l'art*, et M. Lens, dans son ouvrage sur les *Costumes des peuples de l'antiquité*, nous ont donné des descriptions particulières de la toge. Il est donc inutile de rapporter ce qu'ils ont écrit sur cette matière, et il suffira de m'arrêter aux choses les plus remarquables de ce vêtement pour l'utilité des artistes.

La couleur de la toge était variée en raison de la dignité du citoyen qui la portait, ou de la charge qu'il occupait dans l'État. Les simples citoyens portaient la toge ordinaire, qu'on appelait *toga pura*, ou toge blanche. La *toga prætexta*, ou la toge d'honneur, selon Tite-Live, était blanche, mais ornée d'une bande de pourpre, seulement dans sa partie circulaire. Je dis *circulaire*, parce que c'est l'assertion la plus probable, d'après l'examen des monumens, malgré que Denys-d'Halicarnasse et Caylus aient dit le contraire; la toge triomphale, que les consuls et les empereurs portaient le premier jour de l'an, et dans les cérémonies publiques, était couleur pourpre, *toga picta* ou *toga purpurea*. Tacite, dans ses Annales, dit formellement que *Néron, dans les jours du cirque, portait la toge triomphale, et Britannicus, son frère, la simple toge des jeunes gens, pour faire connaître par cette différence d'habits, les emplois et les dignités qu'on leur préparait*. On ornait quelquefois la toge triomphale de palmes brodées sur l'étoffe, ou simplement appliquées dessus : on l'appelait *togula palmata*. On ne finirait pas s'il fallait rapporter tous les noms et décrire toutes les variétés que le luxe ou la fantaisie a successivement amenés dans ce vêtement, sans cependant altérer en rien sa forme primitive, qui était consacrée. Quelques auteurs s'accordent à dire que la *toga papaverata*, ou couleur de pavot, était la couleur primitive de la toge; ce qui me fait croire que lorsqu'on les fabriquait on en variait les couleurs, comme peut l'être une tête de pavot panaché.

Servius Tullius, sixième roi de Rome, avait adopté une couleur particulière pour sa toge, qu'il appelait *toga ungulata*. Je pense que cette couleur, très-riche et très-forte, pourrait se rapprocher de celle que nous nommons *pourpre brun*, *pourpre foncé*, puisque pour l'obtenir on passait deux fois l'étoffe dans la couleur de pourpre. La *toga ungulata*, mise à la mode par le chef de l'empire, fut depuis la toge des gens riches ou de ceux qui voulaient se distinguer par un luxe extraordinaire. La toge noire ou rousse, *toga pulla* ou *atra*, était le vêtement de deuil, de tristesse ou de pauvreté. Les Romains qui se destinaient au barreau portaient une toge qui leur était particulière, que l'on appelait *toga forensis*.

Dans les premiers temps de la république les Romains portaient la toge sans tunique, et ce ne fut que long-temps après qu'ils l'adoptèrent : la tunique romaine descendait jusqu'aux genoux; les manches étaient courtes et fort larges. Suétone dit qu'en hiver ils en portaient deux l'une sur l'autre; il appelle la première *subuculum*, et la seconde *indusium*. Cet auteur ajoute que l'empereur Auguste en portait jusqu'à quatre les unes sur les autres.

Les Romains mettaient une grande importance dans la façon de porter la ceinture qui soutenait leurs tuniques : Ils faisaient consister la décence ou la dignité d'un homme dans l'habitude où il était de serrer plus ou moins sa ceinture, au point qu'il n'était pas permis de se montrer en public sans cette marque de *cérémonie* et de *décence*. On méprisait celui qui se faisait une habitude de porter la *ceinture lâche*.

Les marques distinctives des sénateurs, lit-on dans l'Encyclopédie, étaient le *laticlave*, ou la tunique à larges bandes de pourpre, et la chaussure noire, qui couvrait le pied et la moitié de la jambe.

L'usage de la tunique était généralement adopté; les peuples barbares, et notamment les Germains, portaient indistinctement deux espèces de tuniques, l'une à manche courtes, et l'autre à manches longues; quelquefois il les mettaient toutes les deux à la fois; par-dessus, ils avaient un manteau court appelé *sagum*, leurs cuisses et leurs jambes étaient couvertes d'un caleçon ou *pantalon* aisé qui enveloppait le tout. On voit, sur les colonnes Trajane et Antonine, des soldats germains qui portent les uns des tuniques à manches courtes, les autres des tuniques à manches longues; d'autres ont les bras et les jambes nus. Tous portent la *clamyde* et des caleçons larges, qui couvrent les jambes et enveloppent les pieds (1). Voyez les statues désignées par les numéros 9, 10 et 37.

---

(1). Le costume gaulois est, à peu de chose près, semblable à celui des Germains. On a vu autrefois dans le parc de Seaux une statue en porphyre que je crois représenter un chef de Gaulois : il est simplement couvert du *sagum* à deux pièces, comme on en voit aux Germains des colonnes Trajane et Antonine, qui descend par devant et par derrière, seulement vers le milieu des cuisses, et dont les extrémités se terminent par devant. Je pense que c'est ce vêtement-là que Bellori nomme *chlamis carrée*, quoiqu'il se termine circulairement. Les cuisses, les jambes et les pieds de cette statue sont enveloppés d'un caleçon ou pantalon aisé, semblable à ceux des Germains. Elle a été transportée au Musée du Louvre, et ne se trouve point dans la notice.

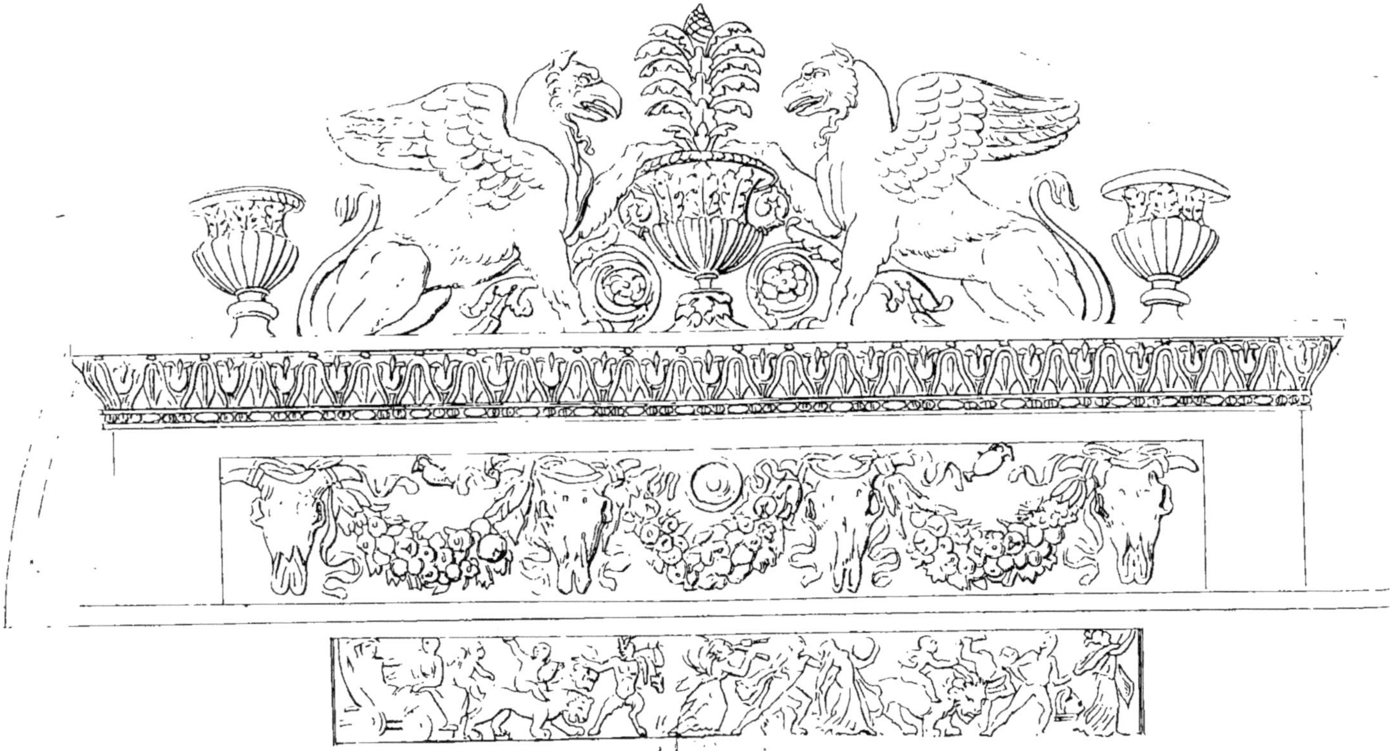

58 (Musée, sans numéro).

SCULPTURE D'ORNEMENT.

Marbre de Pentélie.

Dans la partie supérieure de l'arcade qui contient les morceaux gravés et décrits sous les numeros 55, 56 et 57, on voit plusieurs fragmens antiques d'un beau travail; savoir, une partie de fronton, une corniche et deux frises.

Le bas-relief du ceintre représente deux griffons ou *gryphons*, acculés l'un devant l'autre, ayant la patte droite posée sur un vase orné de pampres et du haut duquel s'élève un ananas dont le fruit s'aperçoit au haut de la tige. Deux autres vases accompagnent les griffons. Ce beau et riche fragment est posé sur une corniche d'un bon goût, décorée de feuilles d'eau.

La figure allégorique du griffon se compose du corps d'un lion et de la tête d'un aigle, avec une crète et des ailes. Les Grecs avaient consacré les griffons à Apollon, dont ils tiraient le char; ce que l'on voit sur plusieurs monumens antiques. On a dit qu'ils gardaient l'or, et que les Arimaspes, peuples qui n'avaient qu'un œil, leur livraient souvent des combats pour l'enlever. Cet animal chimérique a pris naissance en Égypte, on le voit figurer sur la table isiaque, sur les papyrus, et sur beaucoup d'autres monumens.

Personne n'ignore que la religion des Égyptiens était toute symbolique. Les monumens, aussi bien que les discours de Plutarque, de Chéremon et de beaucoup d'autres auteurs, suffisent pour le prouver. Les prêtres égyptiens assuraient eux-mêmes que leur religion et leurs fables sacrées étaient fondées sur le mouvement des planètes, les signes du zodiaque, les levers et les couchers d'étoiles. En effet, si on lève les yeux au ciel, on sera convaincu que le griffon est un composé du signe du lion et de la constellation de l'aigle, porteur de la lyre d'Apollon; et si on suppose le soleil dans le lion, au solstice d'été, on le verra tous les matins se lever dans ce signe, ayant devant lui et à l'occident la constellation de l'aigle. Ainsi le griffon est l'image réunie des points orientaux et occidentaux qui se présentent au lever du soleil pendant la durée du solstice d'été ; c'est pour cette raison que les Égyptiens le représentaient avec le disque du soleil sur la tête; et la *lyre d'Apollon*, que l'aigle céleste tient dans ses serres, a autorisé les Grecs à figurer quelquefois les griffons posant une patte sur une lyre comme cela se voit sur les monumens.

Quelques auteurs ont vu dans le griffon un symbole de moralité : ils disent qu'il exprime les qualités que doit avoir un *gardien* ou un *tuteur fidèle*. Les oreilles signifient l'attention qu'il doit apporter à ses fonctions ; les ailes marquent la diligence dans l'exécution ; la forme du lion, son courage et son audace ; le bec crochu, sa prudence et son économie. On a dit aussi qu'il était l'emblème de la valeur, du courage et de la grandeur d'âme. Toutes ces suppositions sont le fruit de l'imagination de ceux qui les inventent, et si on a dit que cet hiéroglyphe désignoit Osiris, c'est parce qu'il était l'image du soleil levant comme je l'ai fait connaître.

La frise qui est au-dessous de la corniche décorait un temple : elle se compose de quatre têtes de victimes décharnées, de guirlandes de fleurs et de fruits, d'une patère, et de deux vases à l'usage des sacrifices.

La seconde frise représente une bacchanale ou le triomphe de Bacchus et d'Ariane. Le char de Bacchus attelé de deux panthères, l'une mâle et l'autre femelle, est conduit par plusieurs amours. Le dieu du vin, assis nonchalamment, s'appuie d'une main sur l'épaule de sa maîtresse, tandis qu'un amour qui est assis sur ses genoux active la course du char. Un satyre, armé d'un bâton recourbé, le précède, en bondissant comme une chèvre ; puis on voit deux Bacchantes et un Bacchant dont les mouvemens et les gestes annoncent un commencement d'ivresse ; l'une tient deux flûtes, et l'autre un tambour de basque ; un quatrième amour, monté sur un lion, est précédé d'un Faune, et d'une Bacchante dont les bras levés indiquent qu'elle fait une offrande aux dieux ; près d'elle est un autel couvert d'un masque. Ainsi il y a tout lieu de croire que cette frise, agréablement composée, est le fragment d'un bas-relief plus considérable, qui décorait un temple qui aurait été consacré aux mystères de Bacchus.

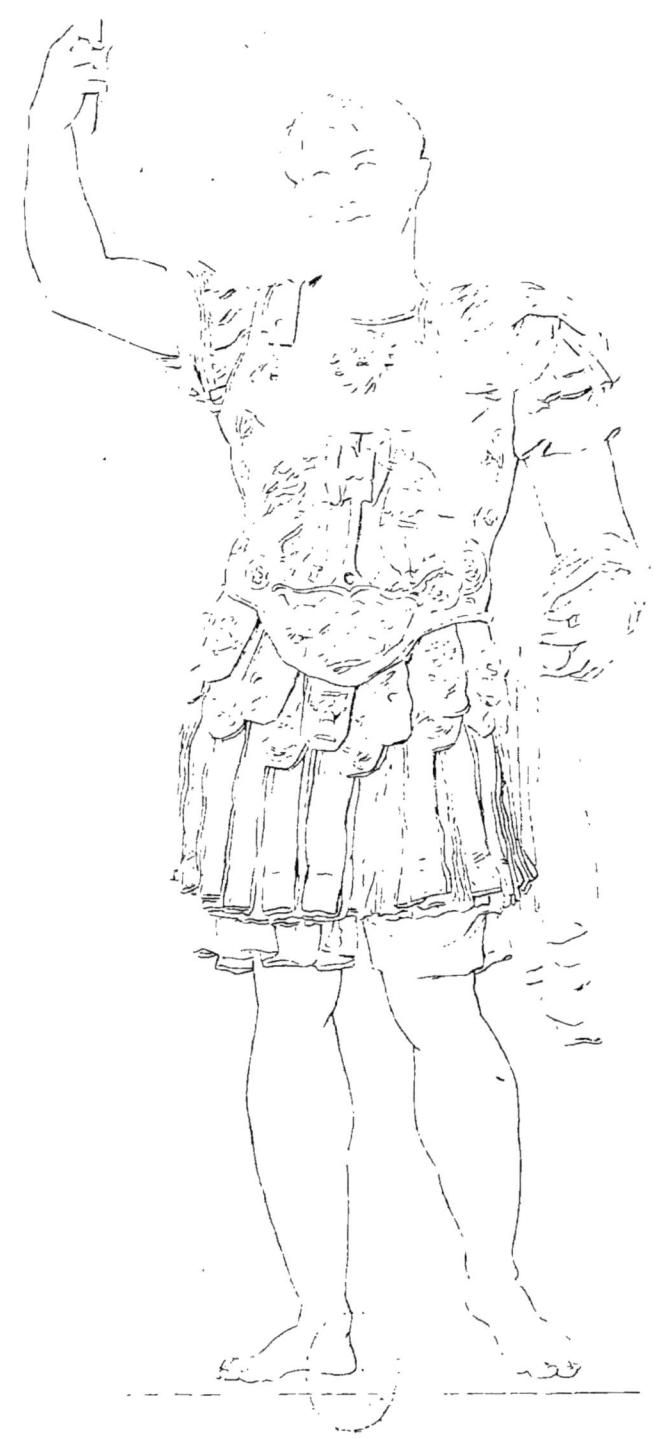

59 (Musée, n° XLII).

TRAJAN.

STATUE.

Marbre de Paros ; grandeur naturelle.

Haut. 2,004 m. — 6 pieds 2 p.

Comme je l'ai dit dans le premier article sur Trajan (voyez la description de la statue, n° 48), les arts dépendans du dessin reçurent une nouvelle vie par la quantité de monumens que l'empereur fit exécuter, et les faveurs particulières qu'il accordait aux artistes et aux gens de lettres. On lit dans l'Histoire romaine (*l*. LXVIII. c. 13, tom. II, pag. 1130) de Dion Chrysostôme, contemporain de Trajan, qui l'honorait de son amitié, que le prince fit construire, par un architecte nommé Apollodore, un pont dont les piles faisaient connaître jusqu'où pouvaient aller les forces humaines. Hadrien, qui n'avait pas les intérêts de son prédécesseur à conserver ce pont, le fit démolir, dans la crainte que les peuples appelés *barbares* ne s'en servissent pour faire une irruption sur les terres sujettes à l'empire.

La statue de Trajan que l'on voit ici est d'un

bel ensemble, et bien sculptée. La tête a été rapportée; mais elle est d'une si grande vérité, d'un ciseau si parfait et d'une ressemblance si remarquable, qu'elle fait présumer que le sculpteur a eu audience de l'empereur pour en faire le modèle. La cuirasse dont il est vêtu, d'un travail excellent, est ornée d'un trophée couronné par deux victoires, au-dessous desquelles sont deux prisonniers de guerre nus et enchaînés. (Voyez n° 37, ce que j'ai dit des *prisonniers de guerre*.) Au-dessus du trophée, on voit un mascaron dont les cheveux et la barbe sont formés de feuillages : cet ornement est dû à la fantaisie du sculpteur. Le manteau, qui est détaché, et dont une partie pose sur le bras gauche et l'autre pend du même côté, forme des plis purs, agréables et d'un bon style. Enfin cette belle figure a subi des restaurations modernes qu'il ne faudrait pas confondre avec les parties antiques de la statue. Nous allons dire un mot de la cuirasse et du manteau.

Les cuirasses à l'usage des anciens étaient de lin, de coton, de fer ou de cuir; les cuirasses de lin ou de coton battu se composaient de plusieurs *doubles* piqués ensemble, et feutrés avec du sel et du vinaigre. Plutarque, en parlant d'Alexandre, dit qu'à la bataille d'Arbelles il avait une *cuirasse double de lin*. Les cuirasses des Grecs étaient en bronze, comme le dit Homère, ce qui les fit nommer CLIBANAROS; c'est-à-dire *tuile de fer*. —Dans le fameux tableau de Polygnote qui représentait le sac de Troie, lit-on dans l'Encyclopédie, on voit sur l'autel une cuirasse d'airain composée de deux pièces : l'une couvrait le dos et les épaules, l'autre le ventre et la poitrine. Elles se joignaient ensemble sur les côtés par des agrafes, comme le dit Silius (*ib.* VII, c. 24). Leur grande pesanteur fit qu'on les changea dans la suite contre des cuirasses composées de lames de métal couchées les unes sur les autres et attachées sur du cuir ou sur de la toile, et parfaitement semblables à celles des soldats que l'on voit dans les bas-reliefs de la colonne Trajane.

Cependant il ne faudrait pas croire que les *cuirasses d'airain* des Grecs étaient aussi lourdes que nous le disent les historiens; et quand Homère parle de la *pesante cuirasse* des héros qu'il a mis en action c'est une figure qu'il emploie pour grandir le personnage. Il y avait dans le cabinet des antiquités de la Malmaison plusieurs parties de cuirasses antiques et en bronze venant de la galerie du roi de Naples, et trouvées dans les ruines d'Herculanum; ornées de sculptures, elles avaient été coulées tellement minces qu'elles n'étaient pas plus lourdes que si elles eussent été de carton : d'ailleurs les princes français, dans le seizième siècle, faisaient usage de cuirasses très-richement décorées, repoussées en fer, qui n'étaient pas plus épaisses qu'une feuille de fer-blanc.

Il y a toute apparence que les cuirasses des empereurs romains étaient de lin ou de cuir, et s'ils en portaient de bronze, elles étaient minces comme celles découvertes à Herculanum. On les ornait de figures ou de dessins allégoriques, comme on le voit par les statues de Trajan, de Caligula, de Titus, de Marc-Aurèle, que nous avons décrites et fait graver. Elles étoient si bien ajustées au corps de la personne qui en faisait usage, qu'elles en dessinait toutes les formes comme si elles étaient nues; ce qui m'autorise à croire qu'on les façonnait dans des moules après avoir modelé le corps de l'individu.

Les anciens avaient deux espèces de *manteaux:* l'un long, qu'ils nommaient *pallium;* l'autre court, désigné par le nom de *chlamyde*. Les Grecs portaient le manteau sur la tunique comme les Romains portaient la toge. Ils en avaient de simples et de doubles, et on voit sur les monumens le *manteau grec* descendre jusqu'à la cheville du pied. La manière la plus ordinaire de jeter le manteau était de le passer sous le bras droit et de là sur l'épaule gauche. — Les anciens avaient plusieurs façons de mettre et de jeter le manteau, dit Winckelmann; la plus ordinaire était d'en croiser un tiers ou un quart, qui, lorsque le manteau était mis, pouvait servir à couvrir la tête lorsqu'on sacrifiait. Quant aux manteaux, tant des figures d'hommes que de celles des femmes, il est à propos d'observer qu'on ne les trouve pas toujours mis ni arrangés à la façon ordinaire des autres vêtemens, comme on peut s'en convaincre par l'inspection des monumens, mais qu'ils sont ajustés selon l'idée ou la convenance de l'artiste. Ceci est si vrai qu'une statue impériale assise, conservée à la *Villa Albani* et surmontée de la tête de Claude, est ajustée du *paludamentum*, ou de la *chlamyde*, espèce de manteau court, de manière qu'il traînerait à terre si la figure était debout. Le statuaire qui avait fait le morceau jugea à propos de jeter une partie du manteau sur les cuisses de sa statue, pour ménager de beaux plis, et ne pas laisser les deux jambes découvertes, ce qui aurait causé de la monotonie.

60 (Musée sans numéro).

FRAGMENT ANTIQUE.

Marbre de Pentélie.

Haut. 0,329 m. — 1 p. 2 l., larg. 0,534 m. — 1 p. 7 p. 9 l.

On a fort ingénieusement placé dans le piédestal de la statue de Trajan des amours faisant la chasse aux bêtes féroces. Ce bas-relief d'une très-médiocre sculpture n'en est pas moins intéressant. Ce n'est pas pour cette fois seulement que les anciens ont figuré l'Amour domptant les animaux féroces, ou leur faisant la guerre. On connaît un beau camée antique de la galerie de Florence, qui représente l'Amour sous les traits d'un jeune enfant ailé jouant de la lyre, et monté sur un lion, dont il contient la férocité. La lyre est le symbole de l'accord parfait. Dans les mains de l'Amour, elle exprime que l'harmonie qui règne dans la nature enflamme et vivifie tout; que rien ne peut exister sans un accord parfait. C'est ainsi que l'Amour, uni à l'harmonie, acquiert une plus grande force et gouverne l'univers. Le bas-relief que nous avons sous les yeux est en rapport avec l'allégorie

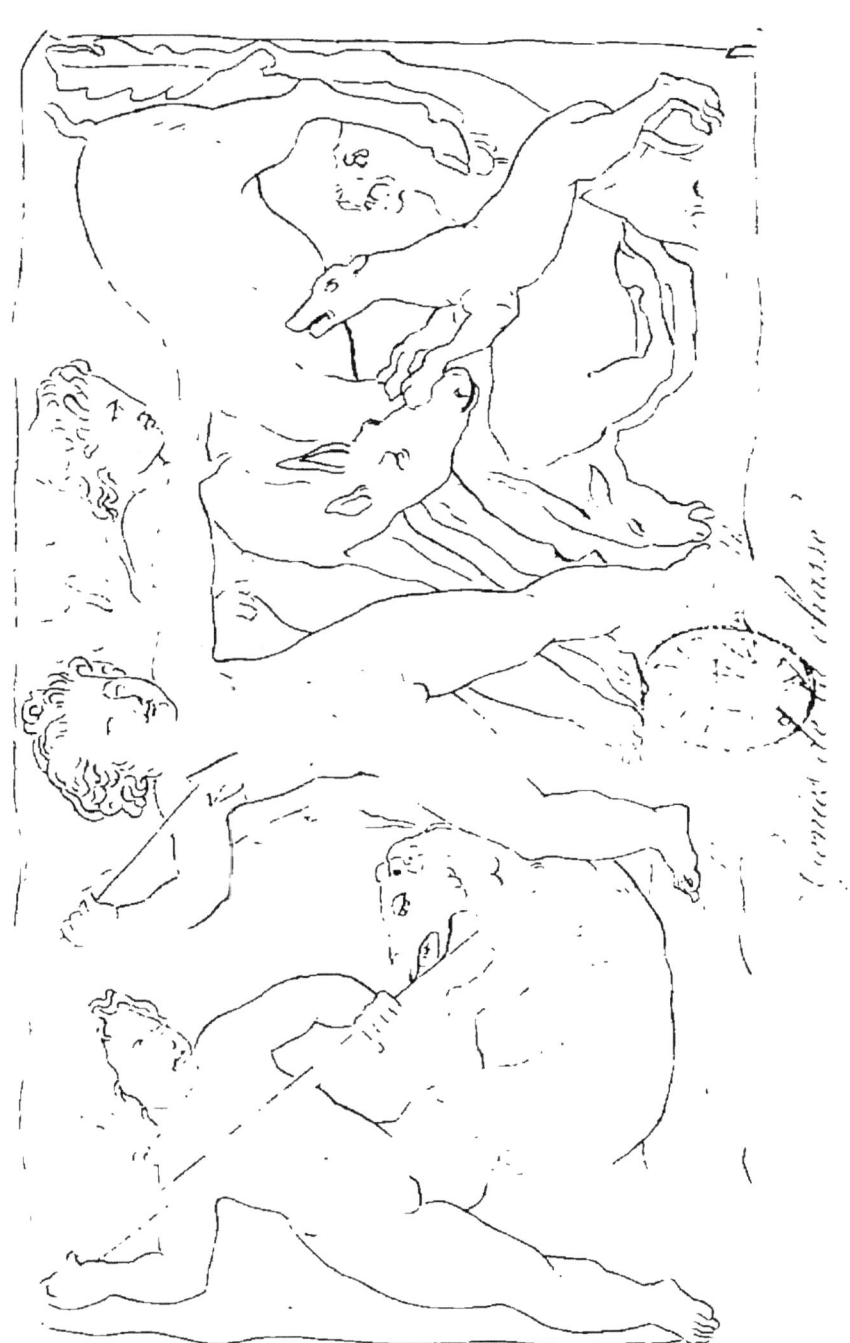

dont je viens de parler, puisqu'on y voit plusieurs Amours courant et faisant la guerre aux bêtes qui sont nuisibles à la tranquillité de l'homme, et contraires par leur férocité à la conservation des autres animaux.

61 (Musée, n° XLIII).

TITUS.

BUSTE *en bronze.*

Haut. 0,720 m. — 2 pied 2 pouc. 7 lig.

Titus, comme je l'ai déjà observé en parlant de la statue en marbre de ce prince décrite sous le numéro 41, page 144, aimait beaucoup les arts, et ordonna de grands travaux. Parmi les ouvrages de l'art qui ont été exécutés sous son règne, on parle d'une statue équestre de Britannicus, qu'il fit faire en ivoire, et destinée à être portée tous les ans dans la pompe des jeux du cirque. Comme on ne dit rien de la proportion de cette statue, il y a toute apparence qu'elle n'était pas de grandeur naturelle, parce qu'elle n'aurait pu se faire que par des pièces de rapport, qui auraient été plaquées ou incrustées, à peu près comme le sont les mosaïques.

L'arc de triomphe que le sénat fit élever à Titus, les figures de relief qui décorent la frise du temple de Pallas, que l'empereur fit bâtir dans le forum du Palladium, et gravées par *Santi Bartoli*, ainsi que la statue dont il a déjà été parlé, et le

62

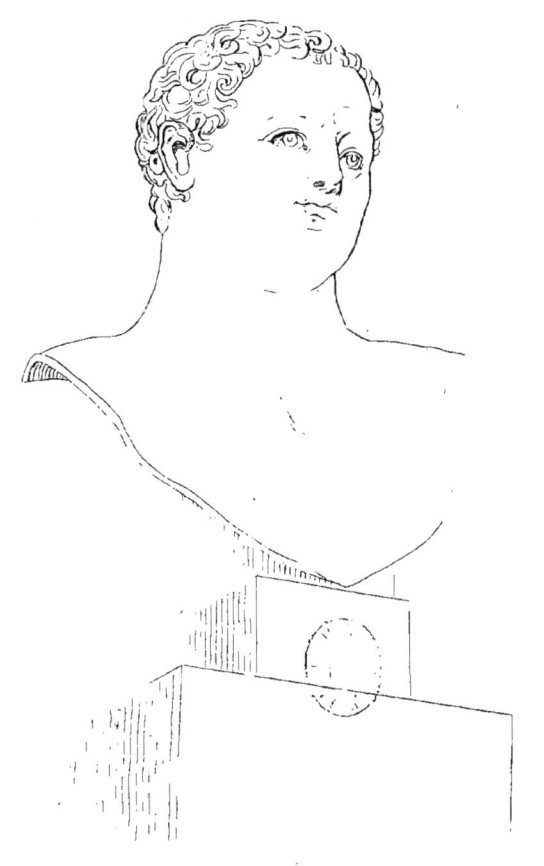

bronze que l'on a sous les yeux, suffisent pour donner une idée de l'état des arts sous ce vertueux prince.

La tête colossale et en bronze de Titus que l'on voit ici mérite d'être admirée pour sa parfaite exécution, et surtout pour la ressemblance et la beauté du dessin. La fonte est pure, et on n'y voit pas ces globules ou petits trous qu'on remarque aux anciens bronzes. Il y a toute apparence qu'à la fonte il n'a point été dépouillé par le feu, comme cela arrive quelquefois, de l'alliage que l'on fait de l'étain avec le cuivre afin de donner à la matière la dureté qui lui est nécessaire pour résister aux insultes du temps et aux injures de l'air. Quand on tire des excavations des vieux bronzes qui n'ont pas reçu l'alliage convenable et qu'on les expose quelque temps à l'air ou à l'humidité, il s'y forme une crasse verdâtre, qui à la longue ronge et consume le bronze. J'en ai vu plusieurs qui étaient en parfaite efflorescence, et réduits à l'état complet d'oxide de cuivre, nommé *vert-de-gris*. (*Voy*. le buste de Vespasien, numéro 40.) Enfin le buste de Titus que nous avons gravé peut rivaliser avec la belle tête colossale de cet empereur qui se voit à la *Villa Albani*. (*Voy*. la Vie de Titus, p. 144.)

62 (Musée, n° XLIV).

CIPPE.

Marbre de Pentélie.

Haut. 1,065 m. — 3 pieds 3 pouc. 4; l. Larg. 0,697 m. — 2 pieds, 1 p. 9 l.

Le cippe que l'on a gravé ici, d'après l'inscription dont il est orné, peut se considérer comme un cénotaphe qui aurait été élevé en mémoire de la femme et des enfans d'Aulus Fabius Pothinus. Il a été gravé et décrit par le marquis Maffei dans le *Musæum Veronense*, en parlant d'un autel du même genre. *Voyez*, numéro 33, ce que j'ai dit de ces sortes de *memento* que les anciens élevaient en mémoire de ceux qu'ils avaient aimés pendant leur vie.

DIS MANIBVS
CLARTIAE·P·F·CHELIS·
VIX·ANN·XXVI
A·FABIO·A·F·POTHINIANO
VIXAN·N·V·M·V·II
A·FABIO·A·F·POTHINI·F·
VIXANN·V·M·X·XI
A·FABIVS·POTHINVS·PATER
FILIS·ET·CONIVGI·SVAE
BENE·MERENTIBVS
FECIT·ET·SIBI
IDEM·A·FABIO·A·L·POTHINO·VIXIT·
ANN·VNO·MENS·X·DIE·VII
POSTERISQ · SVIS

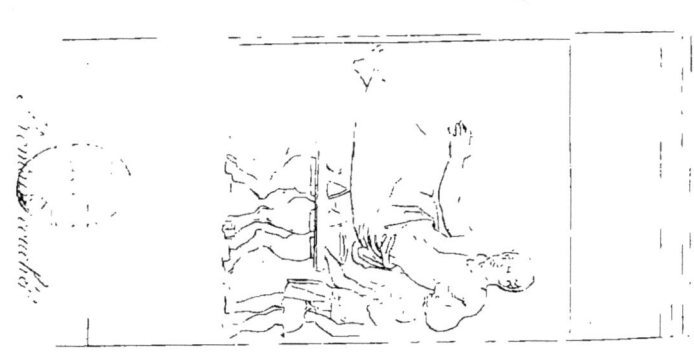

63 (Musée, n° XLV).

BAS-RELIEF.

Marbre de Pentélie.

Haut. 0,758 m. — 2. p. 4 p. ; larg. 0,356 m. — 1. p. 1. p. 2 l.

Ce fragment, d'un travail très-médiocre, représente un Romain couché qui prend un repas. Devant lui est posée une table ronde à trois pieds chargée de plusieurs vases ; il tient à la main un gobelet qu'un jeune homme, vêtu d'une tunique courte et tenant un vase, vient de remplir. Cette espèce de serviteurs consacrés au service de la table se nommoient *Pocillatores*. Ils administroient le service de la table, servoient les mets et le vin. Ecoutons la description qu'en a donnée Philon : (*de vitâ contemplativâ*) elle est traduite ainsi dans l'Encyclopédie.

En parlant des festins, il dit : On y voit des esclaves destinés au service ; ils sont de la plus grande beauté, et ils ont la meilleure grâce. Leur propreté est extrême. Ils n'ont point de barbe, leur visage est fardé, et leurs cheveux sont frisés en boucles très-élégantes; car ceux qui ne laissent pas croître absolument leurs cheveux, les coupent en rond sur le devant de la tête. Ils portent des tuniques très-fines et très-blanches, arrêtées par une ceinture; ces tuniques tombent par-devant jusqu'aux genoux, et par-derrière un peu au-dessous des jarrets. Ils resserrent de chaque côté les deux parties de la tunique, avec des rubans qui font deux tours; ils relèvent les côtés de cette tunique, ils la font voltiger et bouffer. Ils observent les convives, et sont attentifs à les servir et à leur verser à boire.

Les tables des Romains étaient d'une grande magnificence; suivant Pline, elles étaient faites d'un bois de cèdre qu'on tirait du mont Atlas. Ils en avaient aussi d'un bois plus précieux encore, qu'ils nommaient *lignum citrum*, qui n'était pas notre bois de citronnier. Celles à un pied se nommaient *monopodia*; celles à deux pieds, *bipedes*, et celles à trois pieds, *tripedes*. On les enrichissait de sculptures, soit en or, en bronze ou en ivoire. (*Voyez* page 174 ce que j'ai dit des *lits* à l'usage des repas.)

FIN DU TOME PREMIER.

TABLE

DES MATIÈRES ET DES GRAVURES CONTENUES DANS CE VOLUME.

D'après l'ordre des monumens et les numéros qui indiquent chaque monument placé dans chaque salle.

Pages.

Planche double n° 1. (Musée sans numéro.)
Coupe du vestibule, peinture, sculpture et ornemens du plafond. 12
 Planche n° 2. (Musée sans numéro.)
Deux Cibèles sur les deux colonnes à la porte d'entrée. 14
 Pl. n° 3. (Musée, n° I.)
Province vaincue. Buste colossal, *marbre grec*. . 15
 Pl. n° 4. (Musée, n° II.)
Gordien Pie en l'habit de guerre, *marbre luni*. . 17
 Pl. n° 5. (Musée, n° III.)
Autel en marbre grec, servant de piédestal à Gordien Pie. . . . . *ibid*.
Histoire de la vie de Gordien Pie. 18
 Pl. n° 6. (Musée, n° IV.)
Bacchus et Ariadne, sarcophage antique. . . . 22
 Pl. n° 7. (Musée, n° V.)
Domitien, buste colossal. 25
Histoire et vie de Domitien. . . . . . *ibid*.
 Pl. n° 8. (Musée, n° VI.)
Alexandre Sévère, buste colossal. *marbre luni*. . 29
Histoire de la vie d'Alexandre Sévère. . . . *ibid*.
 Pl. n° 9 et 10. (Musée, n° VII et VIII.)
Prisonnier barbare, statue colossale, *porphyre*, avec un bas-relief servant de piédestal. . . . 36

Pl. n° 11. (Musée, n° IX.)
Lucius Vérus, buste colossal, *marbre de Paros*. . 39
Histoire et vie de Lucius Vérus. . . . . . *ibid.*
Pl. n° 12. (Musée, n° X.)
Antonin Pie, buste colossal, *marbre de Paros*. . . 42
Histoire et vie d'Antonin Pie. . . . . . *ibid.*
Pl. n°s 13 et 14. (Musée, n°s XI et XII.)
Prisonnier barbare, statue, *porphyre*. 47
Bas relief du prisonnier barbare, *marbre de Paros*. 48
Pl. n° 15. (Musée, n° XIII.)
Jupiter Séraphis, tête colossale, *marbre de Paros*. 49
Pl. n° 16. (Musée, n° XIV.)
Trajan, tête colossale, *marbre de Pentélie*. . . 50
Histoire et vie de l'empereur Trajan. . . *ibid.*
Pl. n° 17. (Musée, n° XV.)
Esculape, buste colossal, *marbre de Pentélie*. . 59
Histoire et vie d'Esculape. . . . . *ibid.*
Pl. n° 17 (*bis*). (Musée sans numéro.)
Cippe de Calpurnia, etc. Piédestal au buste d'Esculape. . . . . *ibid.*
Pl. n° 18. (Musée, n° XVI.)
Sarcophage antique, bas-relief désigné dans la notice du Musée sous le titre de Phèdre et Hippolyte, *marbre de (Paros*. 62
Pl. n° 19. Musée, n° XVII.)
Bacchus Pogon ou à longue barbe, buste colossal, *marbre grec*. 65
Pl. n° 20. (Musée, n° XVIII.)
Vase en forme de cratère, consacré à Bacchus, *marbre de Paros*. 68
Pl. n° 21. (Musée sans numéro.) planche double.
Arcade et salle des empereurs romains. 70
Pl. n° 22. (Musée, n° XIX.)
Apollon ou Sauroctone, berger chez Admète, désigné sous le nom d'Apollon ou tueur de lézards. . 72
Pl. n° 23. (Musée sans numéro.)
Bas-relief, dans le piédestal de la belle statue d'Apollon berger chez Admète. 84
Pl. n° 24. (Musée, n° XX.)

TABLE.

	Pages.
Les danseuses, bas-relief, *marbre de Pentélie*.	85
Pl. n° 25. (Musée, n° XXI.)	
Offrande, bas-relief, *marbre de Pentélie*.	87
Pl. n° 26. (Musée, n° XXII.)	
Endymion, désigné dans le livret du Musée sous le titre de repos éternel, *marbre de Paros*.	89
Pl. n° 27. (Musée sans numéro.)	
Bas-relief, marbre de Pentélie, représentant Bacchus debout accompagné de la panthère et de ses attributs ordinaires.	94

SALLE DES EMPEREURS ROMAINS.

Voir la description de cette Salle, pl. 21, pag. 70.
Planche n° 28. (Musée sans numéro).

Tibère, buste en bronze, placé sur une colonne de douze pieds, en albâtre antique, à gauche de l'entrée de la salle des empereurs romains.	95
Histoire de la vie de Tibère.	*ibid.*
Pl. n° 29. (Musée sans numéro.)	
Claude Ier, buste en bronze, placé sur une colonne en marbre brèche violette, à droite de l'entrée de la salle des empereurs.	106
Histoire et vie de Claude Ier.	*ibid.*
Pl. n° 80. (Musée sans numéro).	
Esculape, petite statue, *marbre de Pentélie*, placée à gauche de la précédente, dans la même embrasure.	109
Pl. n° 31. (Musée sans numéro.)	
Junon, petite statue, *marbre de Paros*, posée sur une colonne, à droite dans l'embrasure de la fenêtre.	110
Pl. n° 32. (Musée, n° XXIII.)	
Demi-dieu bacchique, buste en bronze.	111
Pl. n° 33. (Musée, n° XXIV.)	
Autel ou Cippe, *marbre de Pentélie*.	113
Pl. n° 34. (Musée, n° XXV.)	
Femme assise, une autre petite figure au-dessous de l'autel ou cippe.	114
Pl. n° 35. (Musée, n° XXVI.)	
Marc-Aurèle, statue de grandeur naturelle, *marbre de Pentélie*.	116

	Pages.
Histoire et vie de Marc-Aurèle.	117

Pl. n° 36. (Musée sans numéro.)
Bas-relief du piédestal de la statue de Marc-Aurèle. 128
    Pl. n° 37. (Musée, n° xxvi *bis*.)
Prisonnier de guerre, statue *brèche* dure universelle, à l'exception de la tête et des mains, qui sont en *marbre de Pentélie*. 129
    Pl. n° 38. (Musée sans numéro.)
Trois bas-reliefs en marbre de Pentélie gris, décorant le piédestal de la statue du prisonnier barbare. . 131
    Pl. n° 39. (Musée, n° xxvii.)
Claudius Drusus, tête en bronze. 133
Histoire et vie de Clausius Drusus. . . . *ibid*.
    Pl. n° 40. (Musée, n° xxviii.)
Vespasien, buste en *bronze*. 135
Histoire et vie de Vespasien. 136
    Pl. n° 41. (Musée, n° xxix.)
Titus, statue de grandeur naturelle, *marbre de Paros*. 143
Histoire et vie de Titus. 144
    Pl. n° 42. (Musée sans numéro.)
Bas-relief antique, *marbre de Pentélie*, placé dans le piédestal de la statue de Titus. 152
    Pl. n° 43. (Musée, n° xxx.)
Claudius Drusus, buste en *bronze*. 153
(Voir pour l'histoire et la vie de Claudius Drusus, pag. 133.)
    Pl. n° 44. (Musée sans numéro.)
Bas-relief, piédestal du buste de Claudius Drusus; le bas-relief représente un autel criobolique et taurobolique. 154
    Pl. n° 45. (Musée sans numéro.)
Bas-relief, *marbre grec* qui suit l'autel taurobolique. 156
    Pl. n° 46. (Musée, n° xxxi.)
Néron vainqueur aux jeux Olympiques, statue marbre de Pentélie, de la collection d'Orsay. . 157
Histoire et vie de Néron. 159
    Pl. n° 47. (Musée, n° xxxii.)
Bas-relief, *marbre de Pentélie*, qui décore le piédes-

TABLE.

tal de la statue de Néron. 170
 Pl. n° 48. (Musée, n° XXXIII.)
Trajan, statue de grandeur naturelle, *marbre de Pentélie*. 171
 (Voir pour l'histoire et la vie de Trajan, pag. 50).
 Pl. n° 49. (Musée sans numéro.)
Bas-relief, marbre de Pentélie, qui décore le piédestal de la statue de Trajan. 174
 Pl. n° 50. (Musée, n° XXXIV.)
Claude, tête en *bronze*, couronnée de lauriers. . 177
 (Voir la vie de Claude, pag. 133.)
 Pl. n° 51 (Musée, n° XXXV.)
Cippe en forme d'autel, marbre blanc, sur lequel on pose le buste en *bronze* de Claude. 178
 Pl. n° 52. (Musée, n° XXXVI.)
Stèle ou pierre sépulcrale, *marbre de Pentélie*. . . 179
 Pl. n° 53. (Musée, n° XXXVII.)
Caligula, statue de grandeur naturelle, *marbre de Pentélie*. 182
Histoire et vie de Caligula. 183
 Pl. n° 54. (Musée, n° XXXVIII).
Bas-relief, *marbre de Pentélie*, qui fait l'ornement du piédestal de la statue de Caligula. 189
 Pl. n° 55. (Musée, n° XXXIX.)
Rhytons ou vase à boire d'une proportion colossale. 190
 Pl. n° 56 (Musée, n° XL.)
Grand médaillon, *marbre de Pentélie*, désigné l'Espagne, tête colossale. 194
 Pl. n° 57. (Musée, n° XLI.)
Grand bas relief, *marbre de pentéie*, qui représente des consuls romains qui sanctifient un *sénatus consulte*. 196
 Pl. n° 58. (Musée sans numéro)
Sculpture d'ornement, *marbre de Pentélie*. . . 203
 Pl. n° 59. (Musée, n° XLII.)
Trajan, statue, *marbre de Paros*, grandeur naturelle. 207
 (Voir la vie de Trajan, pag. 50.)
 Pl. n° 60. (Musée sans numéro.)
Fragment antique, *marbre de Pentélie*, placé dans

TABLE.

Pages.
le piédestal de Trajan. 212
    Pl. n° 61. (Musée, n° XLIII.)
Titus, buste en bronze. 214
    (Voir la vie de Titus, pag. 144.)
    Pl. n° 62. (Musée, n° XLIV.)
Cippe, *marbre de Pentélie*. 216
    Pl. n° 63. (Musée, n° XLV.)
Bas-relief, *marbre de Pentélie*, il représente un romain couché qui prend un repas. 217

FIN DE LA TABLE.

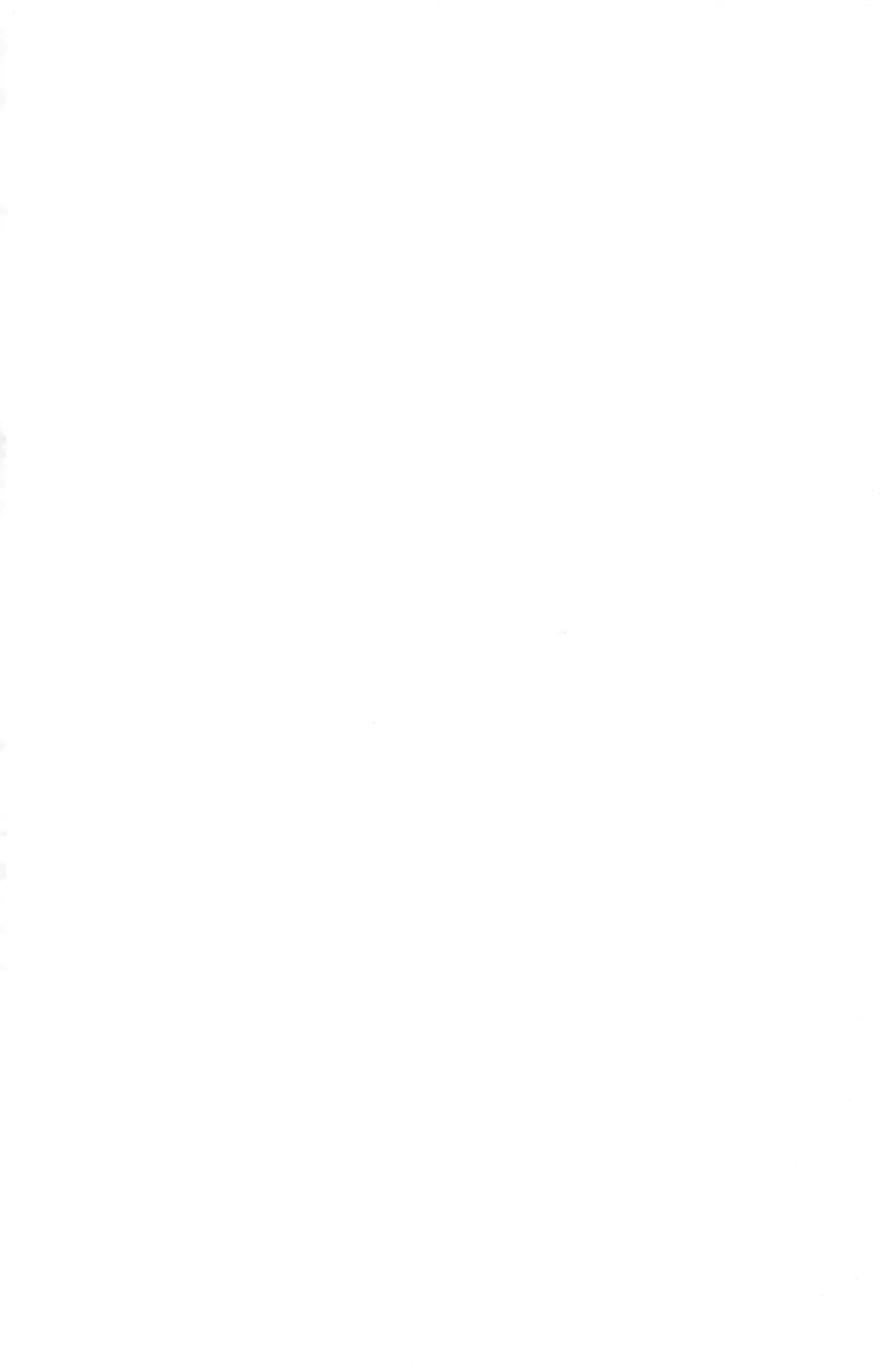

www.ingramcontent.com/pod-product-compliance
Lightning Source LLC
Chambersburg PA
CBHW052238220526
45471CB00001B/96